KB057782

IS를
말한다

명지대학교중동문제연구소
키타불히크마HK총서 02

IS를 말한다

명지대학교 중동문제연구소 엮음

펴낸곳 모시는사람들

일러두기

극단주의 무슬림 무장단체인 IS는 이슬람국가의 영어표현인 Islamic State의 약자다. Islamic State는 아랍어 앗-다울라트 알-이슬라미야(al-Dawlat al-Islāmiyyah)를 영어로 번역한 말이다. 2014년 6월 29일(이슬람력 1435년 라마단 단식월 1일) 칼리파제 이슬람국가 성립을 선언하였다. 현재 시리아의 라까, 이라크의 모술을 사령부로 삼아 시리아와 이라크 일부를 지배하고 있다.

IS로 바꾸기 전 이 조직의 이름은 '이라크와 샴 이슬람국가(Islamic State in Iraq and al-Sham)'이었기에 ISIS로 표기하였다. 아랍어 지명 샴은 일반적으로 오늘날 시리아 인접 터키남부, 시리아, 레바논 지역을 가리킨다. 샴을 불어에서 해가 뜨는 곳이라는 의미인 '르방(Levant)'이라고 불렀고, 이 불어 표현을 영어로 레반트라고 읽는다. 샴을 레반트로 부르면 '이라크와 레반트 이슬람국가(Islamic State in Iraq and Levant)'가 되어 ISIL이 된다. 즉, ISIS와 ISIL은 이음동의어(異音同議語)다.

무슬림문화권의 핵심 두 언어인 아랍어와 이란어에서는 IS가 이슬람국가로 자처하는 것을 인정하지 않기에 IS로 바꾸기 전 이름인 ISIS/ISIL의 아랍어명 앗-다울라트 알-이슬라미야의 머리글자만 따서 다이쉬(또는 다에쉬 Daish/Daesh)라고 부른다.

이 책에서는 통일성을 기하기 위하여 IS와 관계된 고유명사 조직 이름은 다음과 같이 영어 약자로 표기하였다. 또 아랍어 표기는 이미 널리 쓰여 관용적으로 굳어진 경우는 제외하고 최대한 아랍어 발음에 가깝게 적었다.

IS: 이슬람국가
ISIS: 이라크와 샴 이슬람국가
ISIL: 이라크와 레반트 이슬람국가
ISI: 이라크 이슬람국가
IS의 명칭 변경 역사는 10쪽 〈표〉에 일목요연하게 정리하였다. (박현도)

이 저서는 2010년 정부(교육과학기술부)의 재원으로 한국연구재단의 지원을 받아 수행된 연구임 (NRF-2010-362-A00004).

머리말

　IS가 중동 국제관계의 주요 행위자로 등장했다. 1999년 아부 무스
압 앗-자르까위가 창설한 유일신과 성전에서 시작하여 오사마 빈 라
덴의 알-카에다를 거쳐, 2014년 6월 29일 아부 바크르 알-바그다디가
IS 설립을 선언했다. IS는 칼리파, 행정부, 샤리아 법정, 슈라 구성 등
국가 형태를 갖추고서 디지털 저널인 『다비끄(Dabiq)』와 1인 미디어,
지하드 3.0 등의 SNS를 활용하여 자신들의 아젠다를 적극적으로 홍
보하고 있다. 한마디로 IS는 이전에는 없었던 '국가 형태를 갖춘 테러
조직'이라 할 수 있다.

　2000년대 들어서 중동지역에서는 뜨겁게 끓고 있는 활화산 같
이 급격한 정치사회 변동이 발생하고 있다. 2001년 9.11 테러, 아프
가니스탄 전쟁(2001), 이라크 전쟁(2003), 이스라엘-레바논(헤즈볼라) 전
쟁(2006), 팔레스타인 자치정부의 UN 비회원 옵서버 국가 승격(2012),
2010년 말 튀니지에서 시작되어 들불처럼 아랍국가들로 번진 아랍의
봄, 장기 독재 권력의 몰락, 시리아 내전, 이란 핵문제를 둘러싼 분쟁
위기 및 핵협상 합의, 예멘 내전 상황과 사우디아라비아의 시아파 예
멘 반군 공습, 국가 형태를 갖춘 IS의 급부상…. 이러한 사건들은 분리

하여 이해해서는 안 될 만큼 상호 밀접하게 연계되어 있으며, IS의 부상은 이러한 사건들의 종합 세트를 보여주는 것으로 해석할 수 있다.

이에 '이슬람과 중동 사회변동'이라는 거대 담론을 연구하는 명지대학교 중동문제연구소는 중동 국제관계의 주요 행위자로 등장한 IS에 대한 분석서를 출판한다. IS 형성 과정, 전략과 목표, IS의 미디어 전략, IS의 테러리즘 성격, IS의 여성에 대한 시각, 중동국가들 내 이슬람학자들과 언론의 IS에 대한 인식, 한국인에 대한 테러 양상, IS를 둘러싼 중동 국제관계 등 언론에 보도되어 왔던 내용보다 심층적이면서도 일반 대중 독자들이 다양한 각도에서 IS를 이해할 수 있도록 노력했다. 또한 시리아와 이라크에서 자행되고 있는 파괴와 인권 유린의 현실을 역설적이고 극적으로 보여주기 위해 전쟁 이전의 아름다운 모습들을 담은 사진들을 실었다.

이 책의 출판은 연구와 강의, 그리고 다양한 사회 활동으로 바쁜 와중에도 집필에 동참해 준 중동지역 연구자들과 본서의 출판을 맡아 준 도서출판 모시는사람들이 있기에 가능했다. 또한 중동문제연구소가 소속된 명지대학교와 인문한국(HK)사업을 주관하는 한국연구재단의 지원이 큰 힘이 되었다. 이 모든 분들과 기관에 감사드리며, 이 책이 IS에 대한 정확한 이해와 향후 대책 마련에 도움이 되기를 기대한다.

2015년 6월

명지대학교중동문제연구소 소장 이종화

차례

머리말 ————5

1부 : IS의 탄생과 실체

IS를 말한다

〈자칭 이슬람국가(IS)의 명칭 변경사〉

연도	조직명 (한글, 영어, 아랍어)	지도자
1999-2004	유일신과 지하드 Group of Divine Oneness and Jihad Jamā'at al-Tawḥīd wa al-Jihād - 1999년 요르단 출신 아부 무스압 앗-자르까위가 만든 조직으로 2004년 김선일씨를 참수함.	1999-2006.6 1. 아부 무스압 앗-자르까위(Abū Musʻab al-Zarqāwī, 1966-2006) 2006.6.-2010.4 2. 아부 아이윱 알-마스리(1968-2010, Abū Ayyūb al-Maṣrī) * 아부 함자 알-무하지르(Abū Ḥamzah al-Muhājir)로도 알려짐 3. 아부 압둘라 아르-라시드 알-바그다디(Abū Abdullah al-Rāshid al-Baghdādī, ?-2010) * 아부 우마르 알-꾸라이시 알-바그다디(Abū ʻUmar al-Qurayshī al-Baghdādī)로도 알려짐. 2010.5-현재 4. 아부 바크르 알-바그다디 (Abū Bakr al-Baghdādī)
2004.10-2006.1	메소포타미아 알-카에다 (이라크 알-카에다) The Organization of Jihad Base in the Country of the Two Rivers (Mesopotamia) Tanẓīm Qāʻidat al-Jihād fī Bilād al-Rāfidayn	
2006.1-2006.10	이라크 무자히딘 슈라위원회 The Mujahideen Shura Council in Iraq Majlīs Shūrā al-Mujāhidīn fī al-ʻIrāq	
2006.10-2013.4	이라크 이슬람국가(ISI) Islamic State of Iraq al-Dawlat al-ʻIrāq al-Islāmiyyah	
2013.4-2014.6	이라크와 샴 이슬람국가(ISIS/ISIL) Islamic State in Iraq and Sham Islamic State in Iraq and Levant al-Dawlat al-Islāmiyyah fī al-ʻIrāq wa al-Shām - 2011년 시리아 내전 발생하자, 2012년 1월 알-바그다디 휘하 핵심 조직원 시리아 출신 알-자울라니(Abū Muḥammad al-Jawlānī)가 시리아에 잠입하여 누스라 전선 (Jabhat al-Nuṣrah) 구축 - 2013년 4월 ISIS/ISIL로 명칭 바꾸고 시리아 진출. 누스라전선과 충돌. - 알-카에다와 결별.	
2014.6.29.	이슬람국가(IS) Islamic State al-Dawlat al-Islāmiyyah (Dawalt al-Khilāfah) - 6월 29일 이슬람국가 성립을 선포하고 알-바그다디가 자칭 칼리파로 등극.	

1부 | IS의 탄생과 실체

국제동맹군의 IS 공습

미 국방부는 IS 격퇴작전(작전명 내재된 결단)을 담당하는 미 중부
사령부의 자료를 인용해 미국과 국제연합군이 작전이 시작된 지
난해 8월 8일부터 올해 3월 19일까지 이라크와 시리아 내 목표
물을 각 1,631차례와 1,262차례씩 모두 2,893차례 공습했다고
밝혔다. 이 가운데 미국의 공습 횟수는 이라크와 시리아에서 각
각 1,151차례와 1,169차례로 집계됐다.

― 〈출처:연합뉴스〉

Morocco
Algeria
Tunisia
Turkey
Lebanon
Syria
Palestine
Israel
Iraq
Iran
Kuwait
Bahrain
Qatar
UAL
Libya
Egypt
Oman
Mauritania
Yemen
Sudan

IS의 형성과 발전

서정민_ 한국외국어대학교 국제지역대학원 교수

하루아침에 난민 신세가 된 이라크의 쿠르드인들 ──────
IS가 시리아 북부 쿠르드족 거주지역을 공격하자 주민들이 국경
을 넘어 터키 수루크 지역으로 피신해 있다. 시리아인권관측소
(SOHR)는 IS가 시리아 북부 아인 알-아랍 인근 마을에서 쿠르드
족 민간인 11명 이상을 처형했다고 밝혔다. 터키 당국은 지금까
지 터키로 넘어온 시리아 쿠르드족 주민이 4만5천여 명에 이른
다고 말했다.

──────────────────────────── 〈출처:연합뉴스〉

공중정원(이라크 바빌론)
신바빌로니아 왕국의 네부카드네자르 2세(재위기간 B.C. 605-
562)에 의해 건립되었다. '공중정원'이라는 명칭은 계단식 발코
니 위에 심어 놓은 식물들이 모습이 마치 공중에 매달려 있는 것
처럼 보였기 때문이다.

IS는 2015년 1월 31일 일본인 인질 고토 겐지를 살해했다. 24일 유카와 하루나에 이어 두 번째 일본인이다. 2014년 3월 러시아 엔지니어를 비공개 참수한 뒤 모두 8명의 외국인 인질이 희생되었다. 이것은 미국의 IS 공습에 직접적으로 동참한 동맹국뿐만 아니라 간접 지원국도 참수 위협을 피해갈 수 없음을 보여준다. 지난해(2014)에는 미국인 3명과 영국인 2명을 잇따라 살해했다. 8월 19일에는 미국인 종군기자 제임스 폴리(James Foley)를 참수했다. 이어 2주 후인 9월 2일에는 또 다른 미국인 종군기자 스티븐 소틀로프(Steven Sotloff)을 살해했다. 그리고 9월 13일과 10월 3일에 각각 영국인 구호 활동가 데이빗 헤인스(David Haynes)와 앨런 헤닝(Alan Henning)의 참수 영상을 공개했다. 11월 16일에는 미국인 구호 활동가 피터 캐식(Peter Kassiq)을 살해한 동영상이 등장했다.

국제사회에 대한 IS의 위협은 물리적 공격뿐만이 아니다. 다양한 방식을 통해 청소년들을 불러 들이고 있다. 2015년 1월 8일 김군의 터키 여행과 잠적도 충격적인 사건이었다. 김군의 행로는 전형적인 IS

의 대원 모집 루트다. "IS에 가담하고 싶다. 어떻게 합류할 수 있나?"
지난 해 10월 4일 김군이 트위터에 올린 글이다. 그러자 하루 만에 IS
의 모집책으로 추정되는 아프리키(Afriki)라는 이용자가 말을 걸어 왔
다. 터키의 또 다른 모집책과 연락하는 방법을 알려줬다. 3개월 후 김
군은 터키로 떠났다. 터키에서는 시리아 국경의 킬리스로 이동했다.
모집책과 약속한 장소에 나가 불법 택시를 타고 난민촌으로 향했다.
그 후 종적을 감추었다. 그는 IS의 거점인 시리아로 향했고, 얼마 후
국정원은 김군이 IS에 합류했다고 발표하였다.

　IS의 위협에 서방과 아랍국가를 포함한 반(反) IS연대가 구축되었다.
반(反) IS연대는 이라크 및 시리아에 공습을 중심으로 한 대규모 공세
를 펼치고 있다. 그러나 지상전을 배제한 공습으로만 IS를 격퇴할 수
있을지는 미지수다. IS가 소규모 단순 테러조직이 아니기 때문이다.
과거에 볼 수 없었던 새로운 형태의 테러조직이자 이라크 및 시리아
의 정치적 상황에서 등장한 반군의 성격도 동시에 가지고 있기 때문
이다. IS는 대안 국가의 조직과 기능을 보여주고 있다. 따라서 새로운
방식의 대응 방안이 필요한 상황이다.

　이를 위해 이 글은 IS의 형성 과정과 이념적 · 조직적 특성을 분석
하고 이에 따른 국제사회의 향후 대응 방안을 제시하고자 한다.

앗-자르까위와 IS의 전신들

IS는 2014년 6월 이라크 제3의 도시 모술을 장악하면서 갑자기 등장한 조직이 아니다. 다만 대부분 분석가들은 모술이 점령되기 전까지는 IS가 여러 글로벌 지하디스트(Jihadist) 조직들 중의 하나일 뿐이라고 치부했다. 그러나 이 조직은 이라크에서 이미 오래전부터 깊은 뿌리를 내리고 있었다. 이와 더불어 IS와 알-카에다의 이념적 대립도 새로운 현상이 아니다. IS 초창기 지도부와 알-카에다의 관계는 오랜 기간 전략적 측면에서 상호 조화를 이루지 못했다.[1] 두 조직 간의 차이를 이해하기 위해서는 아부 무스압 앗-자르까위(Abu Musab al-Zarqawi)부터 시작되는 IS의 설립 과정과 주요 인물들 그리고 이들과 알-카에다와의 관계에 대한 역사적 고찰이 필요하다.

IS의 최고 사상가이자 초창기 지도자였던 앗-자르까위의 영향력은 현재까지도 이어지고 있다. 빈 라덴보다 더 배타적이고 비타협적인 그의 세계관과 이슬람주의(Islamism) 해석은 오늘날 IS의 이념과 방법론에 직접적으로 영향을 주고 있다.

1966년 요르단에서 태어난 앗-자르까위는 알콜 중독에 빠져 있던 잡범이었다.[2] 1980년대 말 삶의 전환점을 찾기 위해 그는 아프가니스탄으로 향했다. 지하디스트(Jihadist) 훈련소에 입소한 그는 아부 무함마드 알-마끄디시(Abu Muhammad al-Maqdisi)와 같은 인물들을 만나 그들로부터 이념적 영향을 받았다. 1993년 요르단으로 돌아온 그는 총기와 폭발물을 소지한 테러 혐의로 투옥되었다. 6년 동안의 수감 생활 대부분을 그는 아프가니스탄에서 만난 알-마끄디시와 함께 보냈다. 이 과정에서 그의 과격 이념은 더욱 강경해졌다. 온건 무슬림형제단 지도자였던 사이드 꾸뜹이 수감 생활 중 과격 이슬람주의의 교과서라고 할 수 있는 『이정표(Miliestones)』를 집필한 것과 유사한 맥락이다. 이슬람 신학적 배경이 없던 앗-자르까위는 좀 더 현실적인 이념에 집중했다. IS가 비타협적, 현실적 지하디즘을 표방하는 것은 앗-자르까위의 이념적 유산이라고 할 수 있다. 서방의 목표물을 공격하기에 앞서 우선 비도덕성과 비이슬람적 관행으로 가득한 무슬림 사회를 정화한다는 것이다.[3]

 1990년대 말 요르단 감옥에서 석방된 앗-자르까위는 다시 아프가니스탄으로 향했다. 헤라트(Herat)에서 빈 라덴의 지원을 받아 훈련소를 개설했다. 그러나 알-카에다의 물질적 지원을 받았더라도, 사실상 이 훈련소는 알-카에다의 소유가 아닌 앗-자르까위의 개인적인 운영 하에 있었다. 얼마 후 그는 아프가니스탄을 떠나 이라크 북부의 쿠르드 지역에 훈련 캠프를 설립했다. 또 1999년 알-카에다의 지원으로 유일신과 성전을 조직했다. 요르단 왕정과 이스라엘을 공격하기 위한 대원 양성을 목표로 내세웠다. 하지만 이 캠프 설립과 앗-자르까위가 당시 이라크 통치자 사담 후세인 정권과 관련된 것은 아니다.[4]

2003년 이라크 전쟁은 앗-자르까위에게 좋은 기회가 되었다. 이라크의 혼란 상황을 이용해 알-카에다와의 본격적인 연계를 추구했다. 2004년 말 그는 빈 라덴에게 충성 맹세를 행하고 유일신과 성전을 메소포타미아 알-카에다, 즉 이라크 알-카에다로 개명했다. 충성 맹세와 조직의 개명에도 불구하고 앗-자르까위는 자신만의 독특한 지하디스트 이념과 활동을 추구했다. 빈 라덴과의 관계는 편의상의 실용적 협력이라고 볼 수 있다. 앗-자르까위가 알-카에다의 자금과 글로벌 네트워크를 필요로 했기 때문이었다. 이라크 알-카에다는 설립 직후 수년간 이라크 전역에서 테러를 자행했다. 외국인을 납치 및 참수하고, 시아파를 공격하고, 정부 시설과 요인들에 대한 자살폭탄 공격을 감행했다. 국제적 테러가 아닌 해당 지역, 즉 이라크 내부의 혼란과 불안정을 최우선 목표로 두고 있었다는 점이 현재 IS의 전술과 일치한다.

2006년 6월 미군의 공습으로 사망하기 직전 앗-자르까위는 다른 5개 이라크 내 지하디스트 조직들과 연계해 이라크 무자히딘 슈라위원회를 설립했다. 앗-자르까위의 뜻을 이어받은 후계자 아부 함자 알-무하지르는 2006년 10월 ISI가 이라크 무자히딘 슈라위원회 체제에 합류했다고 공식적으로 선언했다. 알-무하지르는 이를 통해 알-카에다와의 상징적인 거리두기를 시작한 것이었다. 즉, ISI의 대원들이 빈 라덴이 아닌 ISI의 지도자에게 충성 맹세를 행한다는 것이었다. 빈 라덴과 그의 후계자 앗-자와히리에 거리를 두며 상당한 자율을 누리 겠다는 것이 ISI 지도부의 노선이었다. 그러나 알-카에다와의 관계가 공식적으로 종식된 것은 아니었다. 그때까지만 해도 전략 혹은 전술 적인 관계를 제외하고는 상당히 느슨한 관계를 유지하고 있었다. 두 조직의 관계가 공식적으로 단절된 시점은 2014년 2월이다. 앗-자와히 리는 공식 성명에서 "ISIS가 알-카에다의 지부가 아니며, 그들의 활동 에 알-카에다는 어떠한 책임을 가지지 않는다"라고 발표했다.[5] 앗-자 와히리가 이같은 관계 단절 성명을 발표한 배경에는 상당 기간 IS와 의 불편한 관계가 있었다는 점을 시사한다. 특히 2011년부터 2014년 까지의 시리아 내전 과정에서 알-카에다와 IS의 반감과 반목이 본격 적으로 드러난 것으로 알려지고 있다.

시리아 내전과 IS의 급부상

2011년 현재 IS의 지도자 아부 바크르 알-바그다디(Abu Bakr al-Baghdadi)는 아부 무함마드 앗-자울라니(Abu Muhammad al-Jawlani)가 지휘 하는 부대를 시리아로 파병했다. 능숙한 지휘관이었던 앗-자울라니 는 얼마 후 누스라 전선을 설립하고 시리아 내 가장 효율적이고 주도 적인 반군 조직으로 끌어올렸다. 알-바그다디는 이 기회를 놓치지 않았다. 누스라 전선의 이념적 · 조직적 주도권을 흡수하기 위해, 그리고 ISI의 활동을 본격적으로 시리아까지 확대하기 위해 2013년 4월 ISI의 명칭을 ISIS로 바꾸었다. 궁극적으로 누스라 전선을 ISIS로 다시 흡수하겠다는 시도였다. 그러나 앗-자울라니는 이를 거부하고 알-바그다디가 아닌 알-카에다의 지도자인 앗-자와히리에 대한 충성을 확인했다. ISIS와 합병을 거부한 앗-자울라니의 움직임은 알-카에다 지도부의 지지를 받았다. 앗-자와히리는 알-바그다디의 합병 시도를 제지하기 위해, 그리고 두 세력 간 중재를 위해 알-카에다 고위인사를 시리아로 급파했다. 그러나 협상은 성공적이지 않았다. 이후 수 개월 동안 양측 간의 충돌과 교전이 지속되었다. 수천 명의 지하디스트들이 이 과정에서 사망한 것으로 알려지고 있다.[6]

누스라 전선 등 시리아 내 반군 조직의 합병 거부 움직임을 직면한 IS는 더욱 극단적인 방법으로 반대파들을 제거했다. 2013년 11월에는 반군 조직 아흐라르 앗-샴(Ahrar al-Sham)의 지도자를 참수했고, 2014년 1월에는 앗-자와히리가 파견한 중재자 아부 칼리드 앗-수리(Abu Khalid al-Suri)를 살해했다.[7] 앗-수리의 죽음에 분개하여 앗-자와히리는 앞서 언급한 IS와의 관계 단절 성명을 2014년 2월 발표한 것이다. 이후 IS는 이라크와 시리아 내 반군 거점들을 본격적으로 장악해 나가기 시작했다.

IS가 방대한 지역을 장악하고 통제권 하에 둘 수 있는 것은 단순히 물리력의 우위에 기반을 두는 것이 아니다. 군사적 전략에도 능숙하지만 IS는 이라크와 시리아 내 여러 세력과의 동맹관계를 구축하고 있다. 이러한 동조세력과의 연계가 없다면 IS는 단순한 무장단체에 불과했을 것이다. 결국 IS가 현재의 사실상 국가 체제를 유지하고 있다는 것은 이라크 내 팽배한 반 시아파 정권 순니 반군 세력을 대표하고 있기 때문이다.

알-바그다디의 통치를 인정하고 있는 이라크 및 시리아 내 세력들은 다양한 이념과 노선을 가지고 있다. 다른 이념을 가진 지하디스트들은 물론 세속주의자들도 IS와 연계하고 있다. 예를 들어 다른 노선을 가진 자이쉬 알-무자히딘(Jaish al-Mujahidin)은 이라크 주요 도시에서 IS에 편입되었다. 이라크 이슬람군(the Islamic Army of Iraq)의 지도자는 2014년 6월 인터뷰에서 자신의 조직은 IS의 왜곡된 샤리아 해석에 반대한다고 언급하기도 했다. 하지만 이들 조직은 편의상 그리고 전략적으로 IS와 협력하고 있다. 세속주의적 그리고 민족주의적 성향을 가진 사담 후세인 잔당들이 설립한 나끄쉬반디군(the Army of the Order of the Naqshbandi Men)도 IS에 동참하고 있다.[8]

시리아에서의 상황도 유사하다. IS의 통치 하에 있는 세력들도 다양하다. 다양한 부족 및 민병대들이 전략적으로 IS에 동참하고 있다. IS가 시리아 내에서 아사드 정권과 맞서 싸울 수 있는 가장 큰 세력이기 때문이다. 여기에 IS가 가진 물리력에 대한 복종, 자금 지원, 소수 종파의 강압적 지배에 대한 반발 등이 IS와의 협력을 유지하는 데 일조하고 있다. 다만 시리아에는 IS에 참여하지 않는 다수의 지하디스트 조직들이 존재하고 있다. 따라서 다국적군의 장기간 공습으로 IS가 약화된다면 편의상 전략적 동맹을 유지하고 있는 여러 반군 및 정치세력이 IS에서 이탈할 가능성도 크다.

칼리파 제도의 구축

IS와 알-카에다의 관계 악화는 앞서 언급한 바와 같이 이미 1990년대 빈 라덴과 앗-자르까위 간 이념적 차이에 그 뿌리를 두고 있다. IS의 활동 방식은 기존의 지하디스트 테러와 크게 다르지 않다. 참수, 십자가형, 고문 등은 이미 알-카에다가 사용해 왔던 심리적 테러 전술이다. 그러나 IS는 이념과 전략적 측면에서 알-카에다와의 차별성을 갖는다.

2000년대 중반 알-카에다는 전략적 노선을 중동의 독재정권으로부터 무슬림들을 보호하는 것으로 선회했다. 서방과 투쟁하는 것이 전략적으로 어려워졌기 때문에 선택한 실용적 노선이다. 공격적인 지하드가 아닌 무슬림들의 보호자라는 기존의 이미지를 유지한 것이다. 그러나 IS는 글로벌 지하드에서 그 초점을 방어적이 아닌 공격적인 것에 두고 있다. 이 같은 IS의 전략적 노선은 알-카에다와 그 연계 조직들을 구시대적인 것으로 인식되게 만들었다. IS에게 있어 글로벌 지하드는 방어라기보다는 좀 더 적극적인 기능강화의 성격을 갖는다. IS는 가까운 적과 먼 적을 구분 없이 결합시키고, 사회와 국가 그리고 서방 모두에게 복합적이고 다면적인 위협이 되고 있다.

따라서 IS는 빈 라덴의 알-카에다와도 지하드 인식에서 차별성을 나타낸다. 서방의 침략에 대해 지하드를 수행함으로써 이슬람공동체(ummah)를 보호한다는 방어적 개념의 지하드가 빈 라덴의 인식이었다. 그러나 IS는 타크피르(Takfir, 이슬람에서 어떤 사람을 카피르, 즉 불신앙이라고 선언하는 것으로, 기독교의 이단 선고와 유사) 개념을 적극 활용해 다른 무슬림들에 대한 공격에도 주저하지 않고 있다. IS도 글로벌 지하디즘의 목표를 가지고 서방과 대치하고 있지만, 자신들이 장악한 지역에서의 지하드에 더 많은 관심과 활동을 보여주고 있다. 빈 라덴이 서방을 공격하면서 "사악한 뱀의 머리(미국과 이스라엘)를 우선 잘라야 한다"고 강조했던 것과는 달리, IS의 가장 중요한 이념가인 아부 무스압 앗-자르까위는 "사악한 뱀의 몸통(중동의 정권 및 비이슬람적 사회)을 타격하는 것이 더 시급하다"고 간주했다. 즉, 빈 라덴 지도 하에서 알-카에다는 내부의 적보다는 서방을 자극하는 것에 우선순위를 두었다면, IS의 최고 관심사는 내부적 정화(淨化)라고 할 수 있다.

다른 지하디스트 조직과 IS의 가장 큰 차이는 경계는 모호하지만

놀이기구를 타는 아이들
-시리아, 2010년

한반도 면적에 가까운 영토에 대한 통치권을 주장하고 이 영토에 칼리파(이슬람국가·이슬람공동체의 최고 종교권위자 겸 정치지도자) 제도를 수립했다는 것이다. 어떠한 국가도 이를 승인하지는 않고 있지만, 어쨌든 지하디스트 조직들이 수립한 최초의 칼리파 국가다. 알-카에다 아라비아반도 알-카에다 혹은 마그립 알-카에다처럼 거점이라고 불릴 정도의 소규모 지역을 장악하고 은밀하게 활동하던 과거 혹은 기존의 다른 지하디스트 조직들과는 달리 IS는 방대한 지역을 장악하고 국가를 선포하고 공개적으로 활동하고 있다.[9]

방대한 영토를 장악하고 있다는 것도 큰 의미를 갖지만, 더욱 중요한 것은 IS가 실제로 국가의 기능을 하고 있다는 점이다. 정치 행위나 통치도 지하 활동이 아닌 공개적인 방식이다. 장악 지역에서 나름대로의 대중의 지지도 확보하고 있다. 물론 시리아의 내전과 이라크의 종파 갈등과 같은, 과거에는 볼 수 없었던 역내 불안정으로 인해 IS가 이같은 활동을 할 수 있다. 기존 국가의 통제권이 상실된 지역에서 IS는 영향력의 범위를 확대하고, 통치 자금을 마련하고, 전사를 훈련시키고, 대중의 지지를 강화하고 있다. 다른 어떤 지하디스트 조직들도 과거에 달성한 적이 없었던 수준의 영향력이다.[10]

2014년 6월 29일 IS가 칼리파 국가를 선포한 것은 이슬람주의 운동의 획기적인 전환점이라고 할 수 있다. 이를 통해 IS는 이슬람주의 운동의 선봉 조직이자, 유일한 합법적인 지하드 운동임을 주장할 수 있게 되었다. 칼리파 국가를 건설하는 것을 궁극적 목표로 하는 알-카에다 조직의 정통성에 정면으로 도전하는 세력으로 부상한 것이다. 아부 바크르 알-바그다디가 아이만 앗-자와히리에 앞서 글로벌 지하드의 주도권을 쥔 셈이다. 알-바그다디에게 충성 맹세를 한 지하디스트 조직의 수가 많지는 않지만, 그가 설립한 칼리파 국가를 부정하고 도전하는 조직도 많지 않다. 결국 IS는 지하디스트 조직에서 본질적인 이슬람 이상국가를 추구하는 지하디스트 국가로의 변신에 어느 정도 성공했다고 볼 수 있다. 알-바그다디는 이슬람주의에 동조하는 전 세계 극단주의자들에게 상당히 매력적이고 설득력을 가지는 상황을 조성한 것이다.

이슬람 이상국가론은 SNS와 인터넷을 통해 전 세계로 전파되는 IS 홍보물의 중심적 주제 중 하나다. 절대 다수의 무슬림들은 알-바그다디의 이상국가론을 적극적으로 거부하고 있지만, 극소수의 극단주의자들은 그렇지 않다. 이들 극단주의자들에게 IS의 수사학은 설득력을 가진다. 따라서 이들은 알-바그다디가 모든 무슬림의 지도자 자격이 있으며, 그가 통치하는 영토로 이주하는 것을 의무라고 생각한다. 결국 칼리파 국가의 선포는 비록 그 수가 현재까지는 수 만을 넘지 않고 있지만 IS의 대원 모집에 가장 강력한 홍보 수단이 되고 있다.

다른 지하디스트 조직과 차별화되는 IS의 이념은 천년왕국설(millenari anism)의 강조다. 종말론적 주제는 이미 다른 지하디스트 조직의 홍보 수단에도 중요한 소재로 등장해 왔다. 아라비아반도 알-카에다의 홍보조직인 말라힘 미디어(Malahim Media)의 이름도 세상의 종말을 의미한다. 그러나 IS만큼 종말론을 적극적으로 활용한 지하디스트 조직은 없었다. 종말론의 추종자들은 현재 발생하고 있는 이라크와 시리아에서의 갈등과 충돌을 하디스에서 최후의 심판일 직전에 발생할 것이라고 예언한 거대 전투(al-Malhamat al-Kubra)의 실현이라고 믿는다. IS는 중요한 전투의 고비마다 종말론적인 하디스 구문을 인용하면서 최후의 심판이 가까이 왔다고 홍보하고 있다. IS가 서양 인질들을 참수할 때마다 서양인들을 대상으로 영어로 동영상 성명을 발표하는 이유도 여기에 있다. 서양의 더 강력한 군사적 개입과 반응을 유도하는 것이다. 궁극적으로 서방의 지상군 투입을 유인해 극단의 종말론적인 투쟁 상황을 조성하려는 의도다.

이상국가인 칼리파 국가의 선포와 종말론적 담론의 생산·전파는 향후 글로벌 지하디즘에 중대한 영향을 줄 것으로 보인다. 당장 알-카에다와 그 연계 조직과 같은 지하디스트 조직들의 심대한 분열을 가져오지는 않을 것이다. 그러나 다른 지하디스트 조직들이 가지지 못한 IS의 신학적 비중과 정치·종교적 실천은 미래의 중대한 변화를 예고하고 있다. IS가 다른 조직보다 선도적으로 칼리파제 이슬람국가를 설립한 것은 지하디스트 조직들의 노선에 전환점이 될 수 있다. 예를 들어 현재의 알-카에다 지도자 앗-자와히리가 사망할 경우, 그에게

행한 지하디스트들의 충성 맹세는 소멸된다. 따라서 현재 IS와 알-카에다 간에 벌어지고 있는 이념적 갈등에서 후자를 선호하고 있는 지하디스트들도 선택의 기로에 서게 된다. 알-카에다의 새로운 지도자 혹은 알-바그다디 중의 누구에게 충성 맹세를 할 것인지를 고민하게 될 것이다.

 IS의 부상과 그 이념은 중동의 장기적 불안정 요소로 작용할 것이다. IS의 부상과 극단적 테러 행위는 알-카에다와는 차별화된 새로운 테러 동향이다. 그들은 이라크와 시리아에서 나타나는 바와 같이 극단적 테러 위협을 가하며 일단 이슬람국가를 설립해 종교적 가치를 전파한다는 전략을 가지고 있다.[11] 지도자로 칼리파로 불리는 아부 바크르 알-바그다디를 추대했다. 일인 지도체제 하에는 샤리아(이슬람법), 슈라(자문), 군사 치안 위원회가 있다. 국가의 기능으로서는 일자리 창출, 전력과 상하수도 정비 등 인프라 구축·유지 활동을 하고 있다. 또 교육과 의료 서비스 제공은 물론 대중과 소통하기 위해 팔씨름 대회 같은 체육행사도 개최하는 등의 사회복지 활동도 펼치고 있다.[12]

 중동으로 확산될 가능성이 없음에도 불구하고 IS의 성장과 국가 선포는 국제정치 역학에서 심각한 사안이다. 이슬람 과격 세력이 실질적인 국가를 갖게 된다면 우선 중동의 정치 지형이 바뀔 수밖에 없다. 반정부 세력 혹은 반군 조직으로 활동하고 있는 중동 각국의 이슬람

세력도 IS의 전형을 따르려 할 것이다. 국제정치적으로도 1648년 베스트팔렌 조약으로 성립된 주권국가 체계가 흔들릴 수 있다. 특히 제3세계 국가들의 주권이 내부의 도전과 외부의 개입으로 위협을 받을 수 있다. 이미 다국적군은 시리아 영토 내 IS 거점들을 시리아 정부의 승인 없이 공격하고 있다. 이를 놓고 이미 러시아가 주권 침해라며 강력히 반발하고 있다.

때문에 IS 사태에 대한 국제사회의 개입은 포괄적이어야 한다. 군사적 측면뿐만 아니라 협상을 포함한 외교적 역량도 동원해야 한다. 그러나 현재 미국 주도 다국적군은 테러와의 전쟁 차원에서 접근하고 있다. 미국은 이번 사태에 대해 제한적 개입을 천명한 상태다. 오바마 대통령은 지상군 투입은 절대 없을 것이라고 수차례 강조했다. 오바마 행정부는 이라크에서 이미 철군했고, 아프가니스탄에서도 출구 전략을 가동하고 있다. 다시 지상군을 이라크에 투입할 의지가 없다. 다만 중장기적으로 이라크 중앙정부군, 쿠르드 자치정부군, 온건 반군 세력을 육성해 지상 작전에 투입한다는 계획이다. 사태가 장기화될 가능성이 높은 이유가 여기에 있다.

IS의 이슬람국가

정상률_ 명지대학교 중동문제연구소 HK교수

시장의 시민들 ─────
시리아, 2010년

하트라(이라크)
파르티아제국의 요새 도시이자 최초의 아랍 왕국의 수도였다.
그리스와 로마의 건축양식은 파르티아 문명의 위대함을 잘 보여
주었다. 2015년 4월 IS는 하트라의 유적을 파괴하는 영상을 공
개하였다.

IS, 국가인가 테러단체인가?

순니파 극단 조직인 IS가 이라크, 시리아 등 중동의 주요 지역을 무력으로 점령하면서 세를 확장해 가고 있다. 또한 리비아와 튀니지 등 중동과 아프리카에서 자생적으로 수립된 지역 IS가 IS의 최고 지도자라고 자칭하는 아부 바크르 알-바그다디에게 충성 맹세를 하고 테러를 자행했다. IS는 다양한 형태의 참수, 집단 총살, 여성의 인신매매 및 성노예화, 자폭 테러, 분살(焚殺), 장기 적출 등 가장 잔인한 반인륜적 방법들을 총 동원하여 공포정치를 자행하고 있다. IS는 2014년 7월부터 출간하기 시작한 디지털 저널인 『다비끄(Dabiq)』[1]를 통해서 자신들의 목표와 수단 및 로드맵을 공표했다.

IS는 『다비끄』에서 자신들의 궁극적 목표가 킬라파(Khilafah), 즉 칼리파제 정치 · 경제체제 국가의 수립임을 선언하고, 국가이념으로 살라피스트-지하디즘(Salafist-Jihadism)을 채택했음을 밝히고 있다. IS는 반세속, 반 서구 및 반 기독교, 반 시아의 기치 아래 공포감, 풍부한 자

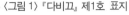

〈그림 1〉『다비끄』제1호 표지
제목이 '칼리파제의 회복(The Return of Khilafah)'이다. IS
가 칼리파제 국가, 즉 이슬람국가(IS) 설립 선포를 홍보하
기 위해 디지털 저널을 발간한 것으로 해석된다. 실제로
IS는 이슬람력 1435년 라마단 월 첫 날(2014년 6월 29
일 경)에 IS(Islamic State)라는 국명으로 국가를 수립했음
을 선포하였다.

『다비끄』제7호 표지
'위선으로부터 배교까지: 회색지대의 절멸(From
Hypocrisy to Apostasy: The Extinction of the Grayzone)'
이라는 제목을 단 것으로 보아 내부 단속을 하는 것으로
보인다.

금, 고도의 홍보 수단 및 전략 등을 활용하여 급속도로 세력을 확대시
키고 있다. IS가 칼리파제 국가 수립을 천명한 것은 이슬람움마, 즉 근
현대적 용어로 이슬람국가(Islamic state, 이하 IS)를 건설하겠다는 것을 의
미한다. IS가 IS 건설을 목표로 극단적 수단을 사용하는 것에 대해 국
제사회는 IS의 확산을 저지하기 위해 다자적 대응 방안의 하나로 지
상군 파병 없는 미국 중심의 공습 위주 군사적 옵션을 들고 나왔다. IS
는 스스로를 IS라고 해 왔던 사우디아라비아가 진정한 칼리파제 국가

가 아니라고 보고, 진정한 Is를 건설하겠다는 목표 하에 극단적 전략을 사용하고 있다.[2] 이러한 IS는 국가인가 테러단체인가?

먼저, 근대 영토 국가의 기원은 유럽에서 30년 전쟁을 종결시키면서 체결된 1648년 베스트팔렌 조약까지 거슬러 올라간다. 이 조약으로 신성로마제국이 붕괴되고 근대 영토적 주권 국가 형태의 유럽 질서가 형성되었다. 이와 같은 근대 이후의 주권적 영토 국가는 외적 승인을 받아야 하는데, 그러한 국가에게는 획정된 특정 영토 내에서 권위 및 강제력의 독점권을 부여했다. 먼저 권위란 규칙 제정권, 즉 규칙을 만들 수 있는 배타적 권리이며, 국가는 이와 같은 정치적인 것, 정치적 실체를 규정할 수 있는 권위를 가져야 한다. 또한 국가는 조직화된 주요 폭력 수단, 즉 강제력을 배타적으로 보유해야 한다. 역사적 기원으로 보아, 주권이란 국가의 부속물이 아니라 타국이나 타국 통치자들이 주권을 국가에 부속시킨 것이다.

누구의 인정이 필요한가에 대해, 애쉴리(Ashley)는 경쟁관계에 있는 정치가 공동체의 인정이, 메여(Meyer)는 세계적인 초국 엘리트들의 정치체의 인정이, 불(Bull)·와트슨(Watson)·스트랑(Strang)은 주권체계를 구성하는 유럽 등 강대국들의 인정이 필요하다고 주장했다. 오늘날에는 UN 총회 투표에서 과반수 이상 회원국의 동의와 UN 안보리 상임이사국의 만장일치 승인을 받아야만 주권국가로 인정받는다. 팔레스타인 자치정부(PA)의 경우 2012년 11월 29일 유엔 총회에서 찬성

138, 반대 9, 기권 41로 옵서버 단체에서 비회원 옵서버 국가로 승격되었으나 주권국가로 인정받지는 못했다. 미국의 거부권 때문이었다.

절대왕정 시대의 종말을 가져온 1789년 프랑스대혁명으로 시민이 전면에 나서고 산업혁명이 급속도로 전개되면서 역사는 제국주의 시대로 진입했다. 제1차 세계대전에서 패한 오스만제국의 영토는 서구 제국주의 국가들에 의해 분할 점령당했고, 사분오열되었다. 서구 열강들 간의 인위적인 분할 점령 정책으로 새로 형성된 중동 이슬람 지역의 근대 국가들에 서구의 법체계가 도입되었고, 서구 문화가 급속도로 확산되었다. 서국 제국주의 국가들의 대표적인 중동 분할 점령 정책 중 하나가 사이크스-피코 협정정(The Sykes-Picot Agreement)이다.

이슬람학자 및 정치 이슬람 그룹의 지도자들은 이슬람 방식의 근대화, 즉 국가-사회의 이슬람화를 주장해 왔다. IS는 사이크스-피코 체제의 해체를 주장하고, 결국 자신들의 손으로 오스만제국의 해체 과정에서 종말을 본 칼리파제의 복원을 명분으로 극단적 폭력을 사용하고 있다.

2015년 6월 현재 IS는 영토적 실체를 보유하고 있고, 여러 분야에서 이라크와 시리아 내 많은 순니 무슬림들을 대표하고 있다고 스스로 주장하고 있다. 테러리즘 요소를 많이 가지고 있음에도 불구하고 IS는 영토를 확장시킬 수 있는 상당 수준의 통합된 군사력을 보유하고 있기 때문에 실질적인 영토 국가로서의 모습을 갖추어 가고 있다. 즉 특정 영토 내에서 권위 및 강제력의 독점 현상을 보이고 있다.

그러나 IS는 UN 등 국제기구와 다른 국가들로부터 회원국으로서 승인 받은 확정된 영토가 존재하지 않고 완전히 통합된 군대를 보유 했다고 볼 수 없다. 또한 UN이나 대부분의 아랍국가들과 군사적으로 대치하고 있기 때문에, 국제법적으로 아직 주권적 영토 국가가 아니라 국가와 사회가 이슬람화된 주권적 영토 국가를 건설하기 위해 극단적 폭력을 사용하고 있는 테러단체라고 할 수 있다. IS를 국가로 인정한 중동의 아랍국가도 없으며, 세계 주요 이슬람학자들은 IS에 대해 '이슬람도 아니고 국가도 아니다'라고 주장한 바 있다. 당연히 IS는 현 국제질서의 틀인 UN이나 다른 많은 국제기구를 서구 제국주의 국가들의 이해를 대변하는 제도로 보고 해체되어야 할 것으로 여기고 있다.

심리학자들은 테러를 특정한 위협이나 공포로 인해 모든 인간들이 느끼게 되는 극단적인 두려움의 근원이 되는 것, 즉 심리적 상태임을 강조하고 있다. 테러리즘은 인위적으로 이러한 테러를 자행하여 정치적 목적을 달성하려는 것을 의미한다. 테러리즘은 폭력을 조직적·의도적으로 조장하고, 희생자나 희생자와 연관된 모든 대중들의 의지를 이용하기 위한 목적 지향적인 총체적 행위이며, 강제·협박·위협을 통해 폭력을 체계적으로 활용한다. 즉 테러리즘이란 정치적 동기와 목적을 가진 테러로서 많은 사람들에게 영향을 미치려는 행위이며 오늘날의 테러는 불법적 무력 사용, 비정규적인 수단 사용, 폭력, 폭력 사용에 대한 위협, 조직적 사전 준비, 민간인을 포함하는 무차별적 공격 양상 등을 보이고 있다.

한편 극단주의는 테러리즘의 전조이며, 자신의 극단적인 신념을 폭력적으로 표현할 때 테러리스트가 된다. 극단주의란 특히 정치 문제에 대한 견해에서 급진적이고 초강경하며, 반대되는 이해관계와 다양한 견해에 대한 불관용이 특징이다. 이러한 특징은 테러 행위의 주된 기폭제와 동기가 된다. 즉 자신의 견해를 표현할 때 날카롭고 비타협적이며, 위협적이고 철저한 권위주의적 방식을 채택한다. 극단주의자들은 폭력 행위를 합리화하고 정당화하기 위한 주장을 생산·유포한다.

폭력적 극단주의자들의 공통된 특징은 ① 자신들의 대의는 절대적으로 정의롭고 선한 것이라는 불관용, ② 선악 구분의 윤리적 절대성, ③ 적대 세력의 대의와 목표를 단순화, 보편화함으로써 재론의 여지도 남기지 않고 예외도 인정하지 않는 광범위한 결론, ④ 자신의 신념 체계에 속하지 않는 사람들로부터 자신들을 분리시키기 위한 암호화된 신용 증명서 사용 등 새로운 언어와 음모적 신념을 보유한다.

이와 같은 테러리즘 개념으로 판단한다면, IS는 살라피스트-지하디즘을 기반으로 하여 성립된 전형적인 테러리스트 조직이라고 할 수 있다. 실질적으로 통제하고 있는 영토를 가진 테러리스트 조직이라는 것이 가장 큰 특징이다.

IS, 무엇이 잘못되고 있는가?

아부 바크르 알-바그다디는 2014년 6월 29일 IS를 국명으로 하는 국가 건설을 선포했다. 그들은 국기를 만들고, 시리아의 라까를 수도로 선포했으며, 종교 언어이자 모든 아랍인들의 공용어인 아랍어를 IS의 공식 언어로 선포했다. 이슬람 칼리파제를 정부 형태로 수용하고

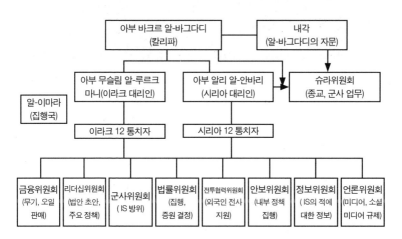

〈그림 2〉 IS의 조직도

평화로워 보이는 사람들
-시리아, 2010년

칼리파를 최고 통치자로 천명했으며, 의회에 해당하는 슈라위원회를 구성했다. 시리아와 이라크 지역을 대표하는 각각의 내각도 구성하여 근대 국가 형태의 정부기구를 갖추었다. 보건과 교육 관리, 공공질서 유지, 샤리아에 기초한 법원 설립, 사법제도와 군사 및 치안 기구 설립, 국가 이념 설정, 국가 재정의 수입과 지출을 정리하는 회계 제도를 사용하고 있으며, 이라크·시리아·레바논 지역을 영토로 하는 영토적 주권국가를 건설하기 위해 잔인한 폭력도 불사하고 있다.

먼저 IS와 관련하여 몇 가지 쟁점에 대해 언급할 필요가 있다.

첫째, IS의 기원은 앗-자르까위가 세운 유일신과 성전이며, 알-마스리, 알-바그다디, 아부 바크르 알-바그다디로 그 지도력이 이어졌고, 몇 차례 조직의 명칭도 변해 왔다.

둘째, IS의 이념적 기반은 살라피스트-지하디즘이다. 살라피스트-지하디즘은 알-카에다와 탈레반의 이념과 유사하지만, 그들이 주장하는 칼리파제 국가 건설 시기와 조건에서 차이가 있다. 살라피스트 사상은 정통칼리파 시대의 순수 이슬람으로의 회귀를 주장하며, 엄격하게 규정된 이슬람 해석으로부터 일탈한 사람을 타크피르, 즉 이단자로 규정하고 어떤 식으로든지 처단하겠다는 것이다. 정치운동으로서의 살라피즘은 무함마드 압둘 와합(1703~1792)의 독트린인 와하비즘을 현대적으로 발전시킨 이집트 무슬림형제단으로부터 시작되었다. 살라피즘과 와하비즘은 거의 같은 의미로 쓰이기도 하지만, 엄격히 말하면 와하비즘은 살라피즘의 부분집합이다.

살라피스트였던 사이드 꾸뜹의 자힐리야(Jahiliyyah, 이슬람 이전 시대) 사상은 이븐 타이미야, 마우두디의 사상 위에 구축된 폭력적 정권 정복 옹호 사상이며, 이는 지구적 지하디즘의 아버지로 불리는 압둘라 유숩 앗잠(1941-1989)과 오사마 빈 라덴에 영향을 미쳤고, 지금의 IS에게까지 영향을 미치고 있다.

셋째, IS는 세계에서 가장 부유하면서도 놀라울 정도로 효율적인 테러리스트 조직이다. 상황 변화에 따라 매우 유동적이긴 하지만 2014년 말경에 석유 수입만 1일 100만~300만 달러였고, 강탈·납치와 통제지역으로부터의 세입 등을 그 밖의 주요 재원으로 하고 있다. 역시 유동적이긴 하지만 2014년에 IS는 약 20억 달러의 자산을 통제하고 있는 것으로 알려져 있고, 시리아 지역 8개 이상의 유전(석유와 가스) 지대를 통제하며, 1일 3,000~7,000배럴의 석유를 생산하여 배럴당 26~35 달러로 이라크·레바논·터키 사업가들에게 밀매하고 있다. 이라크 통제 지역에서도 1일 80,000배럴 석유 생산지를 통제하고 있으며, 이 유전지대로부터 1일 수입은 840만 달러이다. 점령지가 확대될수록 석유 수입을 포함하여 재정 수입이 확대될 것으로 보인다. 이러한 풍부한 재원으로 전사들을 모집하고 있다.

IS	유일신과 성전
لا إله إلا الله الله رسول محمد	التوحيد والجهاد
IS는 국가 상징인 국기를 만들어 사용하고 있다. 국기 상부에는 '라 일라하 일랄라(알라 외는 어떠한 신도 존재하지 않는다)'가 쓰여 있으며, 국기 하단부에 무함마드의 인장으로 알려진 상징적인 흰 원과 검은 글씨로 '무함마드 라술룰라(무함마드는 알라의 사도이다)'가 쓰여 있다.	IS의 전신이라고 할 수 있는 1999년 앗-자르까위가 건설한 유일신과 성전도 자신들의 상징물로 깃발을 만들어 사용했다. 깃발 상부에 '알라 외에는 어떠한 신도 존재하지 않으며, 무함마드는 알라의 사도이다'라는 문구가 있으며, 하단부 하얀 원 주위에 노란색으로 조직의 명칭인 유일신과 성전을 새겨 넣었다. 유일신과 성전의 깃발과 IS의 깃발은 유사하며, 이는 두 조직이 한 뿌리에서 성장하여 지금에 이르렀음을 보여주고 있다.

넷째, 2014년 라마단월 첫날인 6월 29일에 기존의 ISIS/ISIL 국명을 IS로 변경하는 국가 수립을 선포하고 아부 바크르 알-바그다디를 칼리파로 선언했다. IS가 국가인가 테러단체인가에 대한 논의를 떠나서 특정 지역을 현실적으로 점령하여 통치하고 있는 것이다. IS가 우선적으로 건설하고자 하는 국가의 영토는 IS 선포 이전의 명칭 ISIS/ISIL이 보여주는 것과 같이 이라크와 샴 지역, 즉 이라크 · 시리아 · 레바

논에 걸친 지역이다. 그러나 IS는 사우디아라비아 · 요르단을 점령하겠다고 공표하기도 하고, 로마 즉 서구를 점령할 것이라고 주장하기도 했다. 아부 바크르 알-바그다디가 제1대 정통 칼리파의 이름인 아부 바크르의 이름을 사용하고 있고, IS의 디지털 저널인『다비끄』시리즈에서 보여주는 다양한 주장들로 보아 이슬람제국 시대를 지향하고 있는 것으로 해석된다.

공공장소에서 남성과 여성을 분리하고, 알코올 · 담배 · 마약을 금지시키며, 순찰을 강화하는 등 국가와 정부로서의 역할을 하려고 시도한다. 또한 그리스도교인 집은 그리스도교인을 뜻하는 아랍어 단어의 첫자를 따 '눈(nun)'이라 표기해 놓고, 그리스도교인들에게 거의 낼 수 없는 액수인 470 달러의 지즈야(Jizya, 인두세)를 내든가, 이슬람으로 개종하든가, 죽든가 등 셋 중 하나를 선택하라고 강요한다.

다섯째, IS는 매우 극단적인 폭력을 사용한다. IS는 미국의 종군기자 2명 참수, 미국인 구호 활동가 피터 캐식 참수, 영국인 NGO 활동가 참수 및 시리아 난민 지원 활동을 했던 영국인 참수, 프랑스인 에르베 구르델 참수, 일본인 유카와 하루나와 프리랜서 언론인 고토 겐지 참수, 요르단 조종사 마즈 알-카사스베 중위 분살, 콥틱 교도(이집트 그리스도교인) 21명 참수, 전투 중 붙잡힌 많은 시리아군과 이라크군 참수, 자폭 테러, 이교도로 판단하는 사람들에 대한 집단 학살, 기독교계 소수 종파인 야지디족의 10대 소녀들에 대한 강제 결혼 · 강간 · 성노예화 및 매매, 거의 3,000년 동안 이라크에 거주해 왔던 토착 아시리아인(기독교도)을 모술에서 추방, 우상이라는 이유를 들어 인류의 보고인 고대 유물 파괴 등 극단적 폭력성을 보여주고 있다. IS는 "이슬람은 칼의 종교다. 평화주의가 아니다"라고까지 주장한다(『다비끄』 제7호, 20-24).

IS의 극단적 폭력성을 보여주는 사례 중 하나는 여성의 노예화에 대한 자기 합리화이다. IS는 이슬람으로 개종한 야지디족이나 아시리아인 여성들을 지하디스트 전사들에게 선물로 주거나 노예로 매매했다. 14세 이하 젊은 여성은 IS의 지휘관에게 선물로 주어지고, 나이 먹은 여성을 노예로 팔며, 임시 혼인을 하여 성적 폭력을 휘두른 후 다른 전사에게 넘기는 등 잔학 행위를 자행하고 있다.

한편 IS는 『다비끄』 제4호(2014.10.15 출간)에서 '최후심판일 전 노예제의 부활'이라는 제목으로 노예제 부활을 공식선언하기도 했다. IS는 이라크 니느웨 주에 거주하고 있던 야지디족을 언급하면서 "이교도를 노예로 삼고 그 여성들을 첩으로 삼는 것은 이슬람 율법인 샤리아에서도 인정하는 것이다. 노예화된 야지디족들은 이제 IS 군인들에 팔리게 된다. 여러분은 인민을 위한 최고의 인민이다. 여러분은 그들이 이슬람으로 개종할 때까지 그들의 목에 체인을 감아서 데리고 갈 수 있다"고 하는 등 극단적인 주장을 하고 있다.

이에 2014년 9월 19일, 전 세계 126명 무슬림학자들은 아부 바크르 알-바그다디, IS의 무자히딘과 추종자들에게 공개서한을 보내어 IS의 잔인한 행위와 이슬람법에 대한 잘못된 해석 등 24개 조항을 들어 비판했다.

9·11 테러 13주기 전날인 2014년 9월 10일 오바마 미국 대통령은 IS의 시리아 점령 지역을 공습하기로 결정했고, 9월 22일 작전명 '내재된 결단'으로 시리아를 공습하기 시작했다. 오바마 대통령은 2008년 대선 캠페인 과정에서 아프간전과 이라크전 종전 및 미군 철수를 공약으로 내걸었다. 그는 2011년 12월 15일 이라크전 종료를 공식 선언했으며, 며칠 후인 12월 18일 이라크에서 철군을 완료했다. 그러나 미국은 2003년 이라크전과는 다른 명분으로 2014년 8월 8일부터 독자적으로 IS의 이라크 점령 지역을 공습해 왔으며, 9월 22일부터 미국 중심의 다국적군 이름으로 IS의 시리아 점령 지역을 공습하기 시작했다. 미국은 2011년 이라크에서 철군한 이후 32개월 만에 다시 중동 이슬람 지역을 공격하게 된 것이다.

학자들에 의해 민주화 예외 지역으로 여겨졌던 중동 아랍 이슬람 지역에서 2010년 말 이후 아랍 민주화 도미노 현상이 발생했으나, 민주화에 대한 반동 현상으로 이 지역의 불안정성은 심화·지속되고 있다. 리비아 내전과 가다피 정권의 붕괴, 30년 무바라크 군사정권의 붕괴 및 정치 이슬람 세력인 이집트 무슬림형제단 중심의 무르시 정권의 등장, 군부 쿠데타에 의한 무르시 정권 1년 천하와 군부 정권의 재등장, 여러 아랍국가들에서 정치 이슬람 세력의 부상, 시리아 내전과 바샤르 정권의 화학무기 사용으로 인한 시리아 문제의 국제화 현상, 시리아와 이라크 영토를 점령해 가면서 세력을 확대해 가는 극단적 이슬람주의 세력 IS 등장 등 최근 중동은 불안정성의 항상화 현상을 보이고 있다. 이러한 불안정성 현상은 정파 간 폭력과[3] 정체성 위기로 표현되기도 한다. 중동에는 다양한 정체성과 정파성으로 인한 크고 작은 단층선이 형성되어 있으며, 이 단층선은 중동뿐 아니라 세계적 수준의 네트워크로 연계되어 있기 때문이다.

IS는 시리아 및 이라크의 반 정부 세력 중에서도 극단적 이슬람주의를 기반으로 활동하는 순니 정치 이슬람 조직이다. 그런데 IS는 매우 큰 그림을 그리고 있는 것으로 판단된다. 그것은 세계를 다르 알-이슬람[4]과 다르 알-하릅[5]으로 이분하고, 다르 알-이슬람 건설, 즉 칼리파제의 이슬람국가 건설을 위해 성전을 수행하는 것이다. 아부 바크르 알-바그다디는 "세계는 두 캠프, 즉 이슬람과 믿음의 캠프와 불신과 위선의 캠프로 구분된다"고 주장했다. 그의 주장에 따르면 유대인, 유대인을 따르는 모든 자, 그리스도교인, 십자군과 그 동맹국들, 시아파 무슬림이 후자에 속한다.

이러한 이분법적 세계관은 헌팅턴의 문명충돌론이나 9.11 테러 이후의 미국 내 네오콘들이 내세운 '내편 아니면 적', '우리 대 그들'의 논리와 유사한 것이다. 오사마 빈 라덴의 알-카에다와 여러 지역의 자생적 알-카에다 및 IS는 미국의 테러와의 전쟁을 이슬람과의 전쟁으로 이해·해석하고, 자신들은 다르 알-이슬람을 수호하고 확대하기 위해 지하드를 수행한다고 주장하고 있다. IS는 지속적 확장을 추구하기 전에 우선 이라크와 시리아에서 자신들의 목적을 달성하고, 사이크스-피코 체제나 발포어 체제의 해체를 주장하고 있다.

『다비끄』에서 보여주는 IS의 실체

IS는 홍보 수단 및 내·외부와의 정보 소통수단으로 인터넷 매체인 『다비끄』라는 저널을 활용하고 있다. 『다비끄』가 발간되기 이전인 2014년 5월 31일에 Islamic State News(ISN), 2014년 6월 3일에 Islamic State Report(ISR)가 발간되었으나 이 두 발간물은 2014년 7월 5일 『다비끄』로 통합되면서 폐간되었다. 『다비끄』는 영어와 일부 유럽어로 발간되는 전자 잡지이다.

『다비끄』 제1권은 ISIS가 모술을 점령한지 한 달, 그리고 IS라는 국가설립을 선포한 지(2014.6.29) 6일 만인 2014년 7월 5일에 출판·배포되었고, 이후 거의 한 달에 한 번 주기로 출간되고 있다. 제6호부터 출간 월을 표시함으로써 출간 배포시기를 알리고 있다. 『다비끄』 제6호에는 이슬람력 1436년 3월로 표기되어 있는데, 이슬람력 3월은 예언자 무함마드가 출생한 달이기도 하다. 『다비끄』의 내용은 이슬람 종교 개념에 기초하여 작성되고 있으며, 자신들의 적은 물론이고 세계의 IS 지지자들과 소통하기 위한 목적으로 발간되고 있다. 『다비끄』는 이슬람력을 사용하고 있는데, 이슬람력 1435년은 서력 2014년이다.

『다비끄』는 각 권마다 제목을 달아 놓았는데, 그 달의 가장 중요한 쟁점을 표현한 것이다. 제1호는 라마단, 제2호는 홍수,[6] 제3호는 히즈라에로의 부름, 제4권은 실패한 십자군, 제5호는 머무름과 팽창, 제6호는 와지리스탄의 알-까이다: 내부로부터의 증언, 제7호는 위선으로부터 배교까지: 회색지대의 절멸이다. 제6호의 표지 제목 중 Waziristan은 Wazir의 땅을 의미하며, 파키스탄 북서쪽 즉 아프가니스탄과의 국경지역에 위치한 15,000㎢의 영토로 주민의 대부분은 파쉬툰족이다. 와지르스탄은 오사마 빈 라덴의 알-카에다 영향력 지역으로 알려졌는데, 아부 바크르 알-바그다디가 이 지역을 넘보고 있음을 표현한 것으로 해석된다. 제7호의 제목은 '위선으로부터 배교까지: 회색지대의 절멸'이며, 이는 이분법적 사고를 반영한 것으로 내 편 아니면 죽음이라는 신호를 보내고 있는 것이다. 제8호의 제목은 '샤리아만이 아프리카를 통치할 것이다'라고 함으로써 IS가 아프리카에 큰 관심을 갖고 있음을 보여주고 있다. 제9호의 제목은 '그들(필자주: 미국, IS공습에 동참한 아랍의 국왕들)이 음모를 꾸미면 알라도 음모를 꾸밀 것이다'이다.

한편 IS는 1516년에 오스만제국과 맘룩조 간에 시리아 알레포 시 북서쪽에 위치한 다비끄에서 큰 전투가 벌어졌으며, 결국 오스만제국이 승리하면서 이슬람 칼리파제를 수용하는 계기가 되었다고 주장하고 있다. 『다비끄』에는 IS의 최종 목표와 전략 방향, 무자히딘 충원 방법, 정치-군사 전략, 부족동맹군 형성, IS 무자히딘의 점령지, IS의 차기 목표물로서의 사우디아라비아와 요르단의 점령 등 IS와 관련된 거의 모든 것들이 화보나 글로 언급되어 있다.

십자군과의 종말론적 전투 지역, 다비끄

왜 『다비끄』인가? 다비끄는 십자군과의 종말론적 전쟁을 수행할 상징적인 곳으로 하디스에 언급되어 있는 지역이다. 이러한 상징성을 극대화하기 위한 전략으로 홍보 목적의 저널명을 『다비끄』로 정한 것이다.

『다비끄』를 출판하는 목적은 ① 무슬림들이 새 칼리파를 돕도록 요청하는 것, ② IS가 시리아 부족들의 지지를 받아 성공하고 있고, 최근의 군사작전의 성공, 시아에 대해 자신들이 행한 생생한 폭력 장면뿐 아니라 IS가 적으로 간주하는 미국 및 서구 국가들, 이라크 시아파 정부, 시리아 아사드 정부가 자행하는 잔학 행위를 보도하는 것, ③ IS

의 최초 지하디스트에 대한 아라비아반도의 비판가들을 추종하는 자들과 잠재적 추종자들을 포함하는 다른 지하드 그룹 추종자들에게 칼리파제 국가의 성격·목적·정당성, 모든 무슬림들을 통치하는 정치적·종교적 권위를 설명하고 정당화하는 것, ④ 묵시문학에서 찾아낸 다가올 전투의 종말론적 성격, 무함마드의 전통(하디스), 살라피 지하디스트 전서에서 찾은 예언과 현대의 전술 소개, ⑤ 젊은 지하디스트 전사들의 이미지를 제고하고 젊은이들이 합류하여 IS를 위해 싸울 것을 선동하는 것 등 다양하다.

IS가 출판하는 『다비끄』를 통해 IS의 정치적 목표가 무엇인지를 파악할 수 있다. 『다비끄』 제1호 표지에는 '다비끄에서 십자군 군대를 불태울 때까지'로 표기되어 있으며, 서문에 따르면, 다비끄는 샴에 있는 알레포의 북쪽 시골에 위치한 지역으로 하디스에 말라힘(Malahim) 사건의 일부를 묘사하면서 언급된 곳이다. 말라힘은 최후 전쟁인 '아마게돈'을 의미한다. 무슬림과 십자군 간 종말론적 대전투 중 하나가 다비끄 근처에서 발생할 것이며, 이라크로부터 샴까지 신의 축복을 받는 지하드의 확장, (현재) 다비끄는 십자군의 통제 하에 있으나,[7] 알라는 사흐와의 반역으로부터 다비끄를 순화시킬 것이며 그 땅 위에 칼리파의 국기를 게양하게 될 것 등을 언급하고 있다(『다비끄』 제1호). IS의 기반을 구축한 앗-자르까위는 다비끄에서의 약속된 승리는 세계정복의 첫 단계라고 주장하기도 했다. IS는 2014년 8월 초에 다비끄를 실제로 점령했으며, 그들은 성공한 종교 전투라고 주장하기도 했다. IS는 다른 아랍국가들이 이스라엘-팔레스타인 분쟁에 대해 UN과 아랍연맹에서 공허한, 건성의, 그리고 위선적인 비난과 애도의 말만을 했을 뿐이라고 주장하기도 했다(『다비끄』 제2호, 4).

『다비끄』 제1호에서 제9호까지의 목차 맨 위에는 유일신과 성전 및 이라크 알-카에다의 설립자인 아부 무스압 앗-자르까위의 말이 인용되고 있다. 아부 무스압 앗-자르까위의 말을 계속 인용하고 있다는 것은 이 조직이 다른 지하디스트 그룹, 특히 오사마 빈 라덴의 알-카에다나 시리아의 누스라 전선으로부터 독립된 조직이며, 나아가 그보다 우월하다는 것을 강조한 것이고, IS의 창시자를 앗-자르까위로 여기고 있다는 것을 의미한다.

> 불꽃이 이라크에서 이곳으로 밝게 비쳤으며, 그 열기는 – 알라의 허용으로 – 다비끄에서 십자군 군대를 태워 버릴 때까지 계속 강렬해질 것이다.

앗-자르까위는 1966년 요르단에서 태어났으며, 알-카에다를 조직한 오사마 빈 라덴보다 더 배타적, 폭력적, 비타협적이라는 평가를 받는다. 젊은 시절 알콜 중독에 빠져 살았던 잡범이었으나 1980년대 말 아프가니스탄에 위치한 지하디스트 훈련소에 입소했을 때 아부 무함마드 알-마끄디시를 만나면서 그의 삶은 완전히 달라졌다.

알-마끄디시는 자신의 저서 『밀라트 이브라힘(*Millat Ibrahim*)』에서 사우디 왕가가 진정한 칼리파제 국가가 아니라고 공격한 바 있으며, 그의 저술들은 1979년 메카의 그랜드모스크를 폭력적으로 탈취했던 폭동 주도자 주하이만 알-우타이비에게 영향을 미쳤고, 폭동을 일으켰던 주동자들의 일부가 아라비아반도 알-카에다에 합류하기도 했다.

앗-자르까위는 지하디스트 훈련소에서 알-마끄디시로부터 이념적 영향을 받았다. 1993년 요르단으로 귀향했으나 총기와 폭발물을 소지한 혐의로 투옥되어 6년간 수감 생활을 했고, 석방 후 1990년대 말 아프가니스탄으로 가서 빈 라덴의 후원으로 헤라트에 훈련소를 설치하고, 1999년에 유일신과 성전을 조직했다. 앗-자르까위는 2004년 김선일 참수 사건을 자행한 조직인 유일신과 성전을 이라크가 혼란에 빠져 있던 2004년 말 이라크 알-카에다로 개명했다. 그는 2006년 6월 미군 공습으로 사망하기 직전에 이라크 내 5개 지하디스트 조직들의 연합 형태인 이라크 무자히딘 슈라위원회를 설립하기도 했다.

부족과의 연합을 추구하는 IS

중동 지역의 정치, 경제, 사회, 문화 등 많은 부분에는 아직도 부족

연대감 및 부족주의가 강하게 남아 있다. 이라크에는 1000여 개의 부족이 있다는 주장도 있고, 2011년 리비아 위기 시에는 친 가다피 부족과 반 가다피 부족으로 분열되는 상황이 벌어지기도 했다. 이슬람 초기에 강압 및 설득을 통하여 주요 부족들을 친 이슬람 세력으로 끌어들였듯이, IS는 점령지 주요 부족들을 자기 편으로 끌어들이기 위해 노력하고 있다. 『다비끄』 제1호에는 '할랍, 부족집회'라는 소제목 하에 IS와 주요 부족 간의 연합을 언급하고 있다(『다비끄』 제1호, 12-15). 할랍은 시리아 북쪽 지역에 위치한 지금의 알레포이다.

> IS는 무슬림들의 지위를 강화하고, 그들을 하나의 이맘 아래 묶으며, 예언자적 칼리파제의 구축을 위해 함께 노력하는 과정에서 국경 내 부족들과의 관계를 구축해 왔던 광범위한 역사를 가지고 있다. 부족 포럼(Tribal Forum)에 참여하고, 부족 지도자들의 관심을 구애하며, 그들의 충성서약을 수용하기 위한 IS의 실천으로 정규적으로 만나고 있다.(『다비끄』 제1호, 12).

2014년 5월, '다음과 같은 부족 대표들과 회합했다'고 하면서, 알부 카미스, 바누 사이드, 알-아운, 그리고 알-카프사 지역 및 그 주변 지역 부족들을 대표하는 알-가님 부족 대표들을 열거하고 있다(『다비끄』 제1호, 12).

부족문제(Tribal Affairs)의 회장은 IS의 사명이 지방적·지역적인 것이 아니라 지구적인 것이라고 하면서, 샤리아를 이행하고 종교를 세우며, 미덕을 증진시키고 악덕을 막을 것을 요청했다. 또한 그는 니느웨주의 해방, 순나 신봉, 투옥자들의 석방, 모술 공항과 말리키 군 기지의 통제, 사이크스-피코 국경 해체 및 이라크-샴 간 도로 개통 등 최근의 승리에 대해 언급했다.

그는 "우리는 새로운 승리의 유산, 특히 IS의 설립과 그 영토의 확대를 알린다"고 선언했다. 또한 소문으로 떠도는 IS 통제 지역으로부터의 철수와 퇴각, 부족들을 버리거나 정권에 넘기는 것, 그들을 가혹하게 대하는 극단주의, 추방·축출·가혹행위·제명 등에 대한 그들의 우려를 전달했다. 또한 그는 IS가 제공하게 될 다음과 같은 이익들, 즉 ① 정당한 소유권자에게 권리와 재산을 되돌려줄 것, ② 무슬림들에게 중요한 수백만 달러어치의 서비스를 제공할 것, ③ IS 당국의 통제 하에서 안보와 안전을 보장할 것, ④ 시장에서 음식물과 일용품들, 특히 빵 구입을 보장할 것, ⑤ 범죄율을 낮출 것, ⑥ IS와 시민 간 관계를 활발하게 할 것 등을 약속받았다.

이 외에도 회합 기간 동안 부족 대표들은 ① 자카트를 모금하고 그것을 주 전체의 자카트 사무국에 보내는 것, ② 자카트나 자발적 자선인 사다까의 분배를 필요로 하는 고아·과부·필요자들의 리스트를 작성하는 것, ③ 젊은이들이 IS의 고위직에 합류하도록 고무하는 것,

④ 아사드 정권이나 자유시리아군(FSA)으로부터 획득한 무기를 되돌려줄 것, ⑤ 붙잡히기 이전에 IS에 반대하여 무기를 지닌 사람들이 반성하도록 하는 것 등이었다(『다비끄』제1호, 13-14).

대신에 IS는 아랍 부족들, 특히 바누 사이드 부족에게 그들의 지지·충성·충고·기원과 그들의 부와 아들·남성·무기·힘·의견을 요구하고, 그들 자녀와 형제들이 IS의 군에 합류하도록 협조해 줄 것을 요청했다.

무함마드가 움마를 건설한 이후, 칼리파와 부족 간에는 분쟁과 연합이 반복되었다. IS와 IS 점령지의 부족 간 관계도 이러한 오랜 역사성의 한 단면을 보여주고 있다. 여러 측면에서 IS는 점령지 주요 부족의 지원을 필요로 했고, 주요 부족들은 자기 부족의 생존과 IS 내에서 부족원들의 정치엘리트화 필요성을 느꼈을 것이다.

히즈라로부터 칼리파 구축까지

『다비끄』제1호에는 IS의 지도자 아부 바크르 알-바그다디가 이슬람력 1435년 라마단 월(이슬람력 9월) 첫날(2014.6.29)에 선언한 칼리파제 선언 내용이 인용되어 있다. 이날 IS의 대변인 아부 무함마드 아드나니 앗-샤미가 아부 바크르 알-바그다디를 대신하여 칼리파제 국가의 복원을 선언했다.

오늘 여러분의 머리를 높이 들어라. 여러분은 하나의 국가, 칼리파제
국가를 가지게 되었다. 칼리파제 국가는 여러분에게 위엄, 힘, 권리,
지도력을 되돌려줄 것이다. 아랍과 비아랍, 백인과 흑인, 동양인과 서
양인 모두가 형제가 되는 그러한 국가이다. 카프카스인, 인도인, 중
국인, 샴인, 이라크인, 예멘인, 이집트인, 마그레브인, 미국인, 프랑스
인, 독일인, 오스트레일리아인이 함께하는 하나의 칼리파제 국가이
다. 알라는 그들의 마음을 하나로 모았으며, 그들은 알라의 은혜로 형
제가 되었고, 서로 사랑하며, 하나의 참호 안에 설 수 있게 되었고, 서
로를 보호해 주고 호위해 주며, 서로를 위해 자신을 희생한다. 하나의
국기와 목표 하에 하나의 천막 안에 그들의 피는 섞이고 하나가 되어,
이러한 충실한 형제애의 축복을 즐길 수 있게 되었다. 만일 왕들이 이
러한 축복을 맛본다면, 그들은 자신들의 왕국을 버릴 것이고 이러한
영광을 위해 투쟁할 것이다. 그러므로 모든 찬양과 감사는 알라의 덕
택이다.(『다비끄』 제1호, 7).

『다비끄』 제1호의 표제 제목도 '칼리파제 국가의 복원, 칼리파제가
선언되었다'이며(『다비끄』 제1호, 6), IS 보도라는 코너의 '이마마(Imamah)
의 개념은 이브라힘의 밀라(밀라트)로부터'라는 기사 제목을 통해(『다비

끄』 제1호, 20) 자신들의 궁극적 목표가 칼리파제 국가 건설임을 명백히 밝히고 있다. 여기서 '이마마'는 칼리파제에서의 지도력을 의미하고, '밀라'(밀라트)는 같은 땅에서, 같은 인종적 기원, 공통의 역사와 전통과 언어를 가진 모든 사람, 즉 민족이라는 의미를 가지고 있으며, 이슬람 학자들은 종교와 이슬람법과 같은 의미로 사용하고 있다. IS는 길, 방향의 의미로 사용하는 것으로 해석된다. '밀라트 이브라힘(Millat Ibrahim)'은 종교공동체 또는 족장 이브라힘(아브라함)과 동료가 되는 길을 의미한다.

『밀라트 이브라힘』은 팔레스타인계 요르단인 이데올로그인 알-마끄디시가 1984년에 쓴 지하디스트 소책자의 아랍어 제목이기도 하다. 알-마끄디시는 앗-자르까위의 사상적 교사였으나 앗-자르까위의 극단적 폭력을 보고 그와 결별한 것으로 알려지고 있다. 알-마끄디시는 오사마 빈 라덴의 후계자인 앗-자와히리의 알-카에다를 지지하는 것으로 알려지고 있다. IS는 사우디아라비아의 배교에 대한 알-마끄디시의 지하디스트 견해에 대해서는 추종하지만, 이론에 그치지 않고 지하디스트 견해를 극단적 폭력 행동으로 옮긴다는 점에서 둘 사이에 간극이 있다.

IS는 칼리파제의 전 지구적 성격, 즉 칼리파제의 세계화를 강조하고 있으며, 세계 모든 무슬림들, 특히 의사 · 엔지니어 · 학자 · 전문가들의 히즈라, 즉 IS에로의 이주를 선동하고 있다. 알-카에다가 2010

〈그림 2〉 히즈라를 요청하는 『다비끄』

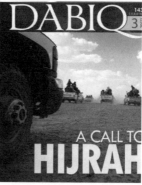

출처: 『다비끄』 제1호와 제3호 표지

년에 발행하기 시작한 영어 저널 『인스파이어(*Inspire*)』는 특히 서구를
공격하려 하는, 서구에 기반하고 있는 테러리스트들인 '외로운 늑대
들'을 고무시키는 데 초점을 맞추었다. IS도 『다비끄』를 통해 외로운
늑대들이라는 잠재적 지하디스트들을 인적 자원으로 규합하려고 시
도하고 있으며, 2014년 말까지 세계 90여 개 국가에서 3만여 명의 젊
은이들이 합류한 것으로 보아 히즈라 전략은 상당 부분 성공한 것으
로 보인다.

출간된 모든 『다비끄』의 첫 페이지에는 아부 바크르 알-바그다디
가 비전투 개인들에게 IS에로 이주할 것을 요청하는 내용을 인용하
고 있으며, 『다비끄』 제3호의 표지 제목은 '히즈라에로의 부름'이다.
또한 『다비끄』 각 권의 목차와 내용에 이슬람국가(Islamic State)란 용어가 들어가 있다. 예를 들면, Islamic State Reports, Islamic State News, The Islamic State in the Words of the Enemy 등의 코너 제목이 있다.

이러한 내용으로 보아 IS가 추구하는 것은 결국 십자군으로 상징되는 미국 등 서구의 군대에 대항하는 지하드를 통해 정복한 곳에 칼리파제 국가, 즉 이슬람국가(IS)를 건설하겠다는 것으로 해석된다. IS는 가장 우선적으로 시리아 북서쪽 터키와 국경 근처에 위치한 다비끄 (2014년 8월 점령함)와 이라크-시리아 지역을 통제할 것이라고 하면서, IS 자신을 전 세계를 지배하는 지하디스트 그룹으로 홍보하고 있다. 또한 IS는 단기 · 중기 · 장기 목표를 제시한다. 단기 목표는 정파 간 전쟁을 유도하고 가능한 곳 가능한 때에 시아파 무슬림들을 학살하고 순니파 무슬림들을 IS군으로 끌어들이는 것이다. 중기 전략은 이라크-시리아 영토를 통제하고, 이웃 순니 국가, 특히 사우디아라비아와 요르단에 대한 통제를 확대하는 것이다. 장기 목표는 전 세계를 지배하는 것, 즉 이슬람국가화 하는 것이다.

IS가 궁극적 목표로 하는 이슬람국가(IS)는 최고 지도자에게 절대 복종할 것을 강요하는 전체주의 국가 건설 프로젝트에 따라 건설되고 있는 것으로 해석된다. IS는 〈그림 5〉와 같이 "자마아(이슬람공동체 움마) 없이는 이슬람이 없고, 이마라(지도력) 없이는 자마아가 없으며, 따아 (복종) 없이는 이마라가 없다"고 주장한다(『다비끄』 제1호, 30). 이는 곧 이슬람 지도자에게 절대 복종해야 함을 강조한 것이고, 정치 리더십과

〈그림 5〉 칼리파에 대한 절대 복종 요구

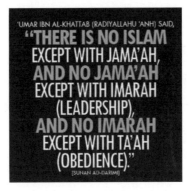

출처: 『다비끄』 제1호

종교 리더십을 분리한 민주주의에 반하는 전체주의 이념에 가까운 것이다.

IS는 그동안 ISIS/ISIL, IS로 명칭을 바꾸어 가면서 사용했는데, 사실 IS는 학문적으로 국명이 될 수 없다. 왜냐하면 이슬람국가(IS)는 국가-사회 관계를 이해하고자 할 때, 국가의 성격을 의미하기 때문이다. 그들은 IS와 Is(Islamic state)를 개념적으로 구분하기 어렵게 만들어 버렸다. 현재 중동 아랍 국가들의 사회는 이슬람 사회, 무슬림국가이지만, 대부분의 국가는 이슬람 국가가 아닌 세속 국가이며, 국가의 이슬람화가 달성되었을 때 그 국가를 이슬람 국가라고 할 수 있다. 마치 우리의 국가 성격을 얘기할 때 대한민국이라고 하지 않고 자본주의 국가라고 하는 것과 마찬가지이다. 그럼에도 불구하고 이 단체가 스스로를 국가라고 주장하고 IS라는 용어를 사용하는 이유는 이슬람 사회인 아랍 국가들을 이슬람화시키겠다는 의지를 표현하기 위한 것이고, 앞서 언급한 다르 알-이슬람의 중동 및 세계적 확대를 추구하겠다는 의지를 표명하기 위한 것으로 해석된다. IS가 정부 형태를 킬라파(이슬람 칼리파제), 지도자를 칼리파라고 하는 것도 국가의 이슬람화를 추구하겠다는 것을 의미한다.

여기서 보편적 종교로서의 이슬람과, 이슬람주의 이념을 기초로 하고 종교를 정치적으로 이용하는 정치 이슬람(Political Islam) 그룹과는 구별해야 한다. 정치 이슬람 그룹은 종교를 이용하여 자신들의 정치적 목적, 궁극적으로는 칼리파제 이슬람국가를 건설하기 위해 평화적 방법을 사용하기도 했지만, 상황에 따라 참수 · 학살 · 인신매매 · 테러 · 전쟁 · 노예화 · 성적 학대 등 폭력적 수단도 서슴없이 사용했다.

한편, IS의 뿌리는 1999년 앗-자르까위가 건설한 유일신과 성전이라는 정치 이슬람 조직이다. 이 조직은 비이슬람적인 요르단 왕정을 전복하기 위해 1999년 요르단 살라피 지하드주의자인 아부 무스압 앗-자르까위에 의해 창설되었으나, IS의 주요 무장 조직원은 사담 후세인 시대의 군인 등 순니파 무슬림인 것으로 알려지고 있다. 이 조직은 이라크 알-카에다로 더 잘 알려져 있다. 앗-자르까위는 2004년 10월에 오사마 빈 라덴에게 충성 서약을 했다. 그는 소련-아프간 전쟁

시 아프가니스탄을 방문했으나 소련군이 철수하면서 고향으로 돌아왔다가 다시 아프가니스탄의 헤라트 인근 이슬람군 훈련 캠프로 돌아가 훈련을 받았다.

2005년 7월 9일 아부 무함마드가 앗-자르까위에게 보낸 편지에 따르면, 유일신과 성전의 정치적 목적은 ① 이라크에서 연합군을 철수시키는 것, ② 이라크 시아파 임시정부를 와해시키는 것, ③ 점령 정권에 부역하는 자를 암살하는 것, ④ 시아파의 살인조 활동에 대항하여 시아파를 제거하고 시아파 시민군을 패배시키는 것, ⑤ 지속적으로 하나의 순수 이슬람국가를 건설하는 것이다. 유일신과 성전이라는 뿌리에서 성장한 IS는 반 이라크 정부(말리키 시아 정부), 반 서구, 반 시아, 반 공산주의, 순니 이슬람 국가 건설을 목표로 하는 조직이라 할 수 있다. IS는 점령지 모술 시에 있는 후세이니야트 알-쿠바흐, 탈아파르 시에 있는 후세이니야트 자와드 시아파 사원, 모술의 소녀 분묘, 아흐마드 앗-리파이의 무덤과 사당을 폭파시키고 그 사진을 공개했다(『다비끄』 제2호, 14-17). 또한 IS는 공산주의 정치조직인 PKK(쿠르디스탄 노동자당), 맑스주의자 쿠르드인 정치조직인 PYD(쿠르드 민주동맹당)와의 전투를 강조했다(『다비끄』 제2호, 12-13).

IS는 오사마 빈 라덴이 아프가니스탄에서 조직한 알-카에다가 2001년 9 · 11 테러를 자행했고, 미국이 테러와의 전쟁을 선언하고 아프가니스탄 전쟁, 이라크 전쟁을 통해 알-카에다 세력을 소탕하는 과정에

수피춤을 즐기는 사람들
-시리아, 2010년

서 형성된 일종의 전쟁 부산물이지만 알-카에다와 분명한 선을 긋고 있다. IS의 지도자 아부 바크르 알-바그다디는 알-카에다에 충성 서약하는 것을 거부하고, 오히려 경쟁 조직으로 간주하고 있다(『다비끄』 제1호, 34-40).

이라크에서 자생적으로 형성된 유일신과 성전은 2003년 3월 20일 시작된 이라크전이 진행 중이던 2004년 6월 22일 가나무역 직원 김선일 씨를 피랍하여 참수했던 바로 그 조직이다. 유일신과 성전은 시아파 중심의 새로운 이라크 국가 건설 과정에서 발생한 여러 혼란 상황, 아랍의 봄에 대한 하나의 반동이라고 할 수 있는 시리아 내전 상황을 활용하여 세력을 확대해 왔다. 또한 이들은 국가 공권력이 미치지 못하는 이라크 북서부와 시리아 북부 지역을 중심으로 반 시아 이슬람주의, 반 서구-반기독교, 반 세속주의 이념과 공포감, 풍부한 자금, SNS 및 디지털 저널을 통한 홍보 수단을 활용하여 세를 확대시켜 왔다.

IS의 이슬람 국가 구축 로드맵

"칼리파제 국가 구축 목표는 금세기 지하드 부활 이후 무자히딘들의 마음을 지배해온 것이었다." 그리고 "알라의 의지에 따라 예언자

지위도 존재할 것이고, 예언자의 방식에 따른 칼리파제 국가도 존재할 것이며, 왕권도 존재할 것이다."(『다비끄』 제1호, 34) 이를 보면 IS의 궁극적 목표가 예언자 방식의 칼리파제 국가를 구축하는 것이라는 사실을 알 수 있다.

『다비끄』 제1호에는 이맘을 개념화하면서 아부 바크르 알-바그다디로 알려진 칼리파 이브라힘의 권위 기반을 비교적 자세히 설명하고 있다. 알-바그다디는 정치와 종교 모두에서 모든 무슬림의 절대 통치자이며, 현재의 IS는 진정한 이마마이거나 리더십의 표현이라는 것이다. "이전 어느 때보다도 모든 무슬림들이 목소리를 드높이고, 알-바그다디에게 충성을 맹서하도록 하는 것은 의무이다."(『다비끄』 제1호, 40)

『다비끄』에 따르면 IS는 칼리파제 국가를 건설하기 위한 전략으로 20세기 좌익과 21세기 지하디스트 그룹들이 사용한 마오사상에 기초한 3단계 게릴라전 구조를 수용했다. 3단계 게릴라전 구조는 ① 손상, ② 만행, ③ 합병이다(『다비끄』 제1호, 36-37).

손상 단계에서는 중앙정부를 파괴하고 가능한 한 중앙정부가 목표 지역에서 군대를 철수시킬 수 있을 정도의 혼란을 조성한다. 혼란은 우상 숭배자들이 수십 년 동안 통치해 왔던 무슬림 땅에 우상 정권이 안정성을 유지하지 못하도록 한다. 혼란이 만행의 단계라고 할 정도로 불안정해지면 무자히딘은 그 지역을 통제할 수 있거나 또는 나지(Naji)가 『만행의 행정』에서 '만행의 행정'이라고 불렀던 원시 정부 상태에 빠지게 된다. "무자히딘은 자신들에게 충성하는 배교자 꼭두각시 정권을 세우려는 이라크 주둔 십자군을 매일 공격한다."(『다비끄』제1호, 37)고 주장하고 있다. 이는 이라크 시아 정부를 원시 정부 상태에 빠뜨리기 위한 전략으로 해석될 수 있다.

> 그러므로 최대의 혼란을 야기할 방법을 사용하여, 모든 다른 배경을 가진 배교자를 목표로 함으로써, 무자히딘은 이라크를 끊임없이 불안정과 전쟁 상태를 유지하도록 하게 할 수 있고, 어떠한 배교자 그룹이 안전의 순간을 즐기는 것을 결코 허용하지 않을 것이다(『다비끄』제1호, 37).

> 이러한 공격, 혼란 야기, 원시 정부 상태에 빠지게 함으로써 결국 십자군이 순니 삼각지대라고 했던 지역의 정권이 점점 붕괴되도록 만들었다. 그때 무자히딘은 재빨리 이 빈 지역에 진입하여 알-바그다디의 지도 하에 이라크 이슬람국가를 선언했다. 이는 움마 역사에서 기념비적인 것이었다(『다비끄』제1호, 38).

IS는 『다비끄』에서, 이라크 알-카에다의 지도자였던 앗-자르까위가 이라크에서 이라크 배교자 군대(군, 경찰, 정보부), 라피다(시아 시장, 사원, 시민군), 쿠르드 세속주의자인 바르자니와 탈라바니 도당 등에 대한 광범위하고 복합적인 공격을 시도함으로써 그 후계자인 아부 우마르 알-바그다디가 지하디스트 행정 지역을 통합하여 ISI를 건설할 수 있게 되었다고 주장한다. 이와 마찬가지로 앗-자르까위의 후계자인 아부 바크르 알-바그다디 자신도 이라크, 시리아 지역을 통합하여 킬라파, 즉 칼리파제의 이슬람국가를 건설했다는 것을 강조하고 있다.

『다비끄』 제1호에는 앗-자르까위가 2000년 초에 이라크에 구축하려고 했던 칼리파제 국가 건설 5단계가 소개되고 있다. 이는 무자히딘이 칼리파제 국가를 건설하기 위한 하나의 로드맵이 되었다. 칼리파제 국가 건설 5단계는 〈그림 6〉과 같다(『다비끄』 제1호, 38).

1단계(히즈라) : 이슬람국가로 이주

2단계(자마아) : 공동체 형성, 합류

3단계(타구트의 불안정화) : 우상 파괴, 더 먼 곳으로의 확장 목표를 위해 폭군을 불안정하게 하는 데 협조함

4단계(탐킨) : 영토 합병, 새 지역을 합병함

5단계(킬라파) : 칼리파제 국가 건설, 새 지역으로 칼리파제 확장

〈그림 6〉 앗-자르까위의 칼리파제 국가 설립 로드맵

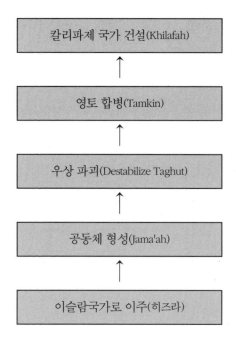

IS는 칼리파제 국가를 건설하기 위한 계획 중 첫 단계인 히즈라에 대해 『다비끄』의 많은 부분을 할애하고 있다. "히즈라는 지하드가 있는 한 중단되지 않을 것이다"(『다비끄』 제2호, 18). IS는 히즈라를 통하여 무자히딘, 즉 알라의 길에서 투쟁하는 무슬림, 이슬람 전사를 충원하려 하고 있다. 『다비끄』 제3호의 표지 자체가 '히즈라에로의 부름'이고, 내용의 제목들은 '치열한 전투 이전의 이슬람국가: 전투의 땅으로 이주, 부족의 끈을 끊은 사람들, 샴은 전투의 땅, 샴으로의 이주는 이

브라힘의 종교로부터, 이슬람국가에서의 종교적인 초대와 책무, 히 즈라는 위선으로부터 진심으로, 지하드 없이는 삶이 없고, 히즈라 없 이는 지하드란 없다, 히즈라에 탑승한 사람들에 대한 충고' 등 히즈라 를 매우 강조하고 있다(『다비끄』 제3호, 1435).

또한 IS는 『다비끄』에서 많은 지면을 할애해 자신들의 활동상, 특 히 참상 관련 사진을 게재하고 있다. 『다비끄』 제1호에서는 아사드 정부, 즉 사파위들에 의해 살해된 사람들의 시신 사진, 전투 장면, 총 살 장면 등을 게재하였다. 『다비끄』 제2호에서는 점령지인 할랍, 키 르쿠크, 안바르, 살라딘, 라까, 바라카, 니느웨, 홈즈 등에서의 활약상 을 사진으로 홍보한다(『다비끄』 제2호, 33-42). 『다비끄』 제3호에서는 제 임스 폴리의 참수 사진, 포로 총살 사진, 니느웨 주에 있는 카심의 묘 파괴 사진 등을 소개하였다. 『다비끄』 제4호에서는 알-푸라트 주, 알- 팔루자, 알-주누브에서의 활약상을 사진과 글로 홍보하고 있다(『다비 끄』 제4호, 18-20).

또한 다리 복구, 전기 시설 복구, 거리 청소, 노인 보호, 환자 치료, 점령지 체크포인트, 포로, PKK와의 전투와 PKK 희생자, 참수된 사람 의 머리를 몸통 위에 올려 놓은 사진들을 게재함으로써 IS의 적에게 공포심을 불러 일으키고 IS 무자히딘의 사기를 진작하려고 하고 있다 (『다비끄』 제4호).

『다비끄』 제5호에서도 아라비아반도, 예멘, 시나이, 리비아, 알제리의 무자히딘이 알-바그다디에게 충성 서약을 했음을 사진과 함께 보도하고, 그를 중심으로 통합할 것을 강조했다. 또한 안바르와 팔루자에서의 전투 장면 사진, PKK 지역에서 찾아낸 담배와 마약을 불태우는 사진과 쿠르드인들의 충성 서약 사진 등을 게재했다(『다비끄』 제5호). 『다비끄』 제7호에서는 요르단 조종사 알-카사스베 체포 사진을 게재하였고, 또 유카와 하루나, 고토 겐지 참수 사진, 요르단 조종사 알-카사스베 분살 사진, 콥틱 교도 참수 사진, 성적 일탈에 대한 투석형 사진과 건물에서 밀어 떨어뜨리는 사진을 게재하였고, "이슬람은 칼의 종교이지, 평화주의가 아니다. 종교(이슬람)의 기반은 한 권의 인도하는 책(꾸란)이며, 지지해 주는 칼이다"라고까지 주장하고 있다. 이러한 홍보 사진들은 새로 통합된 지역에 이슬람국가 건설을 착착 진행하고 있음을 보여주기 위한 것이었다.

〈그림 7〉 이슬람은 칼의 종교

"THE BASIS OF RELIGION
IS A GUIDING BOOK AND
SUPPORTING SWORD"

자료: 『다비끄』 제7호

IS는 자신들의 화신인 이라크 알-카에다가 ISI를 구축했다고 강변한다. ISI는 현대 칼리파제 국가 건설을 위한 모델로서 조건을 갖추었고 그만큼 기여했다는 것이다. IS는 오사마 빈 라덴의 알-카에다가 권력 획득을 타부시하고 파괴적인 것으로 여겼으며, 신앙심이 깊은 무자히딘에게 움마의 업무를 맡기기보다는 위선자가 손을 뻗쳐 움마를 파괴시킬 수 있는 지도자가 될 수 있도록 방치했다고 비난했다(『다비끄』 제1호, 38). IS는 "오사마 빈 라덴의 아프가니스탄 알-카에다는 칼리파제 국가 설립을 향한 작업을 무시했다"고 비판했다.

『다비끄』 제1호에는 ISIS/ISIL 또는 IS를 지하디스트 유산의 상속자로 설명하기 위해 앗-자르까위가 아프가니스탄에서 공산주의자들과 싸웠던 경험을 소개하고 있다. 공동의 적인 공산주의자들과 싸우기 위해 서로 다른 배경을 가진 당파들이 함께 했고, 이는 현재의 시리아 분쟁과도 유사한 것이다. 아프가니스탄에서 민족주의 이념과 외제 무기 사용으로 인해 결국 탈레반의 패배를 가져왔고, 이는 오늘날 시리아에서 싸우고 있는 지하디스트 그룹들에게 하나의 경고로 작용한다. IS는 '민주주의의 우상', '민족주의의 우상'이라고 표현함으로써 민주주의와 민족주의를 부정적으로 볼뿐 아니라 공산주의 이념 역시 부정적으로 인식하고 있음을 보여준다. 『다비끄』에서는 지하드가 대망의 칼리파로 나아가는 길에서 거쳐야 할 여러 다리들(bridges) 중의 하나라고 묘사하면서 알-카에다의 지도자, 즉 오사마 빈 라덴보다는

시리아 최대의 시장인 하미디야 시장의 한 가게에 전시된 다양
한 히잡들과 쇼핑을 하는 여성들
-시리아, 2010년

앗-자르까위를 역사적 칼리파제 사명의 유산 상속자로 그리고 있다
(『다비끄』 제1호, 35).

아프가니스탄 시절에 앗-자르까위는 요르단 지하디스트로서 오사
마 빈 라덴과 가깝게 지냈지만, 라덴의 권위에 복종하지 않으려고 애
썼다. 앗-자르까위와 오사마 빈 라덴은 아프가니스탄의 서로 다른 지
역에서 활동했는데, IS는 이를 바탕으로 오사마 빈 라덴이 이끌었던
알-카에다가 아닌 자신들이 전 세계적 지하디스트 운동을 하는 유일
한 독립 조직이라고 주장한다. 『다비끄』에서 IS는 2011년 이라크 알-
카에다의 패배는 알라가 포고한 시험, 믿는 자들을 단결시키고 심약
한 자를 추방시키기 위한 신의 계획의 한 부분으로 묘사했다(『다비끄』
제1호, 39).

『다비끄』에는 앗-자르까위 지도 하에서의 ISI 영토를 메카, 메디나,
예루살렘으로부터 돌을 한 번 던지면 다다를 거리에 있을 정도의, 무
슬림 세계의 심장 내에 존재하는 것으로 언급하고 있다(『다비끄』 제1호,
38). 메카, 메디나, 예루살렘에 대한 언급은 IS가 중동의 주요 지역을
종교적으로 통제하고 싶어 하는 소망을 말해주는 것이다.

IS를 둘러싼 중동 국제관계

이라크-샴/레반트 지역을 기반으로 하여 자신들의 통제 지역을 넓히고 있는 IS의 궁극적 목표는 이 지역뿐 아니라 중동 지역, 궁극적으로는 세계적 범위의 칼리파제 국가, 즉 이슬람국가를 창설하는 것이다.

그러나 현실적으로 〈그림 8〉처럼 중동 국제관계 속에서의 IS 지위는 매우 취약하다. 지속적으로 자행되고 있는 IS의 반 인권적 폭력성

〈그림 8〉 현 중동 국제관계 속에서 본 IS의 위치

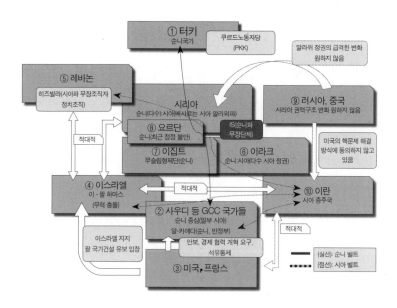

으로 인해 반 IS 연대는 강화되고 있고, 이와는 반대로 2015년에 들어서부터 IS 자체의 자금력, 군사력, 무자히딘 충원력 등의 동력은 약화되고 있는 것으로 판단된다.

IS는 세계를 다르 알-이슬람과 다르 알-하릅으로 구분하고 다르 알-이슬람의 확대를 추구하고 있다. IS는 자신들의 목표를 달성하기 위해 히즈라 → 공동체 형성 → 우상 파괴 → 합병 → 칼리파제 국가 건설이라는 5단계 전략과 목표를 세웠다. 이러한 그들의 목표, 실행 방안 및 전략들, 자신들의 적에 대한 엄포 등을 홍보하기 위한 수단으로 영어와 몇몇 유럽어로 된 디지털 저널 『다비끄』를 출판하여 공개해 왔다. 또한 웹 3.0 시대의 1인 미디어인 SNS, 인터넷을 통한 다양한 방식의 소통기술을 기반으로 자신들의 역할, 목표, 전략 등을 홍보하고 있다. IS는 1924년 오스만제국의 몰락 시 해체되고 붕괴된 칼리파제 국가 재건을 궁극적 목표로 하고, 이를 위해 매우 극단적인 폭력을 사용하는 정치 이슬람 조직이다. IS가 궁극적 목표로 하는 칼리파제 국가는 이슬람 정치사상가들이 이상적 공동체로 여겼던 정통칼리파 시대의 신정체제이다. 『다비끄』의 내용으로 보아, IS가 추구하는 킬라파는 절대 복종을 강조하고 있는 절대주의적 신정체제이다.

IS는 중동 국제관계에 새로운 행위자로 등장하였고, 매우 잔인한 폭력 방식을 통하여 세를 확장시켜 왔다. IS는 자신들의 잔인한 행동을 의도적으로 세계인들에게 보여주면서, 스스로 하나의 국가를 선

동네시장에서 쇼핑을 하는 마을 사람들
-시리아, 2010년

포했다는 점에서 기존의 정치 이슬람 단체들과는 매우 다르다. 50여 개국이 동참한 다국적군의 공습 위주의 전략이 단 시간내에 IS를 저지할 수 있을지는 미지수다.

　다국적군을 주도하는 미국의 입장에서 보면 IS는 바둑에서 말하는 꽃놀이패에 해당된다. 미국이 IS를 활용할 수 있는 방법이 많기 때문이다. 현 이라크의 시아 정권, 순니파 주도 국가인 사우디아라비아, 시아 종주국인 이란, 시리아 아사드 정부, 러시아 등과의 외교 관계에서 IS는 활용도가 매우 높다. 그러나 지금까지 IS가 보여준 잔인성으로 인해 절대 다수의 세계 시민들은 IS를 격퇴해야 한다는 데 동의하고 있다. "IS는 이슬람도 아니고 국가도 아니다"라고 한 이슬람학자들의 주장에 많은 무슬림들도 동의하고 있다.

　IS의 지도자들은 일종의 사이코패스의 모습을 보여주고 있다. 이 사이코패스들은 IS 이후에도 새로운 모습으로 나타났다 사라지는 과정을 지속할 것이다. 사이코패스를 어떻게 다루어야 할 지, 더 근본적으로 어떻게 사이코패스가 나타나지 않도록 해야할 지를 모두가 고민해야 할 때이다.

IS의 미디어 전략

김수완_ 한국외국어대학교 통번역대학 교수

IS를 지지하는 아랍 청년들

아랍세계 곳곳에서 IS를 지지하는 청년들이 모여들고 있다. IS를 지지하는 한 튀니지 청년은 "IS야말로 공정하고 진정한 칼리파 체제"라며 "누군가 돈이 많거나 권력이 있다는 이유만으로 명령을 따라야 할 필요가 없다"고 말했다. 또 다른 지지자는 "현재의 국경 구분은 유럽식"이라며 IS가 영국과 프랑스가 세계 1차대전 종전 이후 설정한 현재의 국경선을 없앨 수 있다고 주장했다.

—— 〈출처:연합뉴스〉

님루드(이라크 모술)

님루드는 아시리아의 왕 샬만에세르 1세에 의해 건설되었으며, 기원전 9세기 무렵 아시리아제국의 수도였다. 님루드는 성서의 도시 칼라 또는 칼락으로 확인된 바 있다. 2015년 4월 IS는 님루드 유적을 우상으로 간주하여 파괴하는 장면을 공개하였다.

칼리파 체제의 부활을 내건 순니파 무슬림 무장 세력은 ISIS/ISIL에서 스스로 이슬람국가, 즉 IS를 자처하고 나섰다. 이들은 영토 점령을 통해 세력을 급속히 확장하며 중동지역의 전면에 나서고 있다.

이러한 급성장의 배경에는 잘 정비된 조직과 무기를 바탕으로 하는 파괴적 군사력, 원유 밀매와 유물 밀거래 등을 통한 풍부한 자금력 이외에 치밀하게 계획·연출된 미디어를 통한 홍보력을 들 수 있다. 중동 국제관계의 주요 행위자로 급부상한 IS는 칼리파제 정치경제체제 국가 수립을 선언하고, 국가이념으로 반 세속 이슬람주의, 반 서구와 반 기독교를 채택하고 있으며 공포감, 풍부한 자금, 홍보수단을 활용하여 급속도로 세력을 확대하고 있다.[1]

IS가 단순한 무장단체와 차별화되는 점은 국가 체제와 유사한 조직의 기능을 보여주고 있다는 점이다. 통치자인 아부 바크르 알-바그다디, 사법적 권한의 샤리아(이슬람법), 행정부에 해당하는 슈라(자문위원회), 군사 및 치안위원회를 두어 군사권을 갖춘 국가와 유사한 기능의 조직을 구성하고 있다. 더 나아가 IS는 사회복지, 교육, 의료 등과 같은 국민과 대중을 위한 서비스도 제공하고 있다.

여타 테러 집단과 차별화되는 또 다른 중요한 특징은 미디어의 적극적이고 효율적인 활용이다. 소셜미디어를 포함한 뉴미디어를 통해 전 세계 자원병들을 모집하는 등 효과적인 프로파간다를 광범위하게 전개하고 있다. 트위터를 통해 조직의 새로운 캠페인에 관한 메시지를 전달하고, IS의 프로파간다가 전달될 수 있는 애플리케이션을 개발하여 지지자들에게 배포하고 있으며,[2] 자신들의 군사적 활동은 물론 사회봉사 활동도 뉴미디어를 통해 홍보하고 있다.

소셜미디어를 테러 목적으로 활용한 것은 IS가 처음은 아니다. 2008년 11월 인도 뭄바이에서 무려 166명이 사망한 연쇄 폭탄 테러 사건이 있었다. 파키스탄의 테러조직원 9명이 저지른 이 사건에 정보 수집과 명령 하달 및 지시를 목적으로 구글 어스(Google Earth)와 휴대폰을 활용한 것으로 조사되었으며, 2013년 9월 소말리아의 극단주의 무장단체 앗-샤밥(Al-Shabaab)이 케냐 나이로비의 웨스트게이트 몰에서 무차별 살상극을 벌여 한국인 여성 1명을 포함해 67명을 숨지게 한 테러에서도 트위터를 적극 활용한 것으로 밝혀졌다.

최근 미 중앙정보국(CIA) 존 브레넌 국장은 소셜미디어를 포함한 미디어 기술의 발달은 최신 미디어 기술을 사용하는 극단주의자들과의 전쟁을 점점 더 어렵게 하며, 테러 위협을 증폭시킬뿐 아니라 극단주의자들의 이데올로기 확산 저지 노력을 무색하게 하고 있다고 강조했다. 테러와의 전쟁을 어렵게 하는 것은 단지 이데올로기만이 아니라 그것을 가능케 하는 전술이며 현대 커뮤니케이션의 힘이 그러한 역할을 하고 있다고 덧붙였다.[3] 실질적으로 최근 수 개월 동안 약 2천 8백여 회의 공습에도 불구하고 IS의 건재를 가능케 한 배경에 바로 인터넷을 포함한 미디어의 역할이 있었음을 눈여겨 볼 필요가 있다. IS의 프로파간다 배포, 지원자 모집뿐 아니라, 테러행위에 전 세계의 관심을 유도하고 나아가 동조하게 만드는 데 뉴미디어 테크놀로지가 주도적인 역할을 하고 있는 것이다.

미디어와 홍보 마케팅을 통한 고도의 심리전

현대인은 다양한 미디어에 포위되어 살아간다. 미디어의 접촉은 직접이든 간접이든 항시적이며 미디어 관련 활동이 일상생활 중 가장 많은 부분을 차지할 정도로 현대인과 미디어의 상호 의존성은 높다. 사람과 미디어 간의 상호 의존성은 더욱 높아지고, 글로벌 사회 개념이 소셜미디어를 통해 구체적으로 체감되며, 인터넷과 스마트폰을 통해 어느 곳 어느 누구와도 무엇에서든 동시 공존감(Co-presence)을 느끼는 시대이다.[4]

역사적으로 시대와 국가를 막론하고 모든 신생 단체나 신규 세력들은 세력의 정당성과 합리성을 위해 홍보화 전략을 구사해 왔다. 우리나라의 경우 방(榜)이나 대자보가 조선시대에 사회적으로 차별 받는 계급이 억눌린 의사를 표현하는 홍보 수단으로 사용되었고, 5.16의 주체는 가장 먼저 방송사를 점령하여 언론을 통제함으로써 그 당위성을 국내·외에 알리기 위해 미디어를 활용하였다. 즉 미디어 홍보 전략은 시공을 초월하여, 특히 기존 체제에 저항하는 새로운 저항세력의 세력 규합 및 확장 전략으로 오랫동안 사용되어 왔던 것이다.

IS 출현 이전 금세기 최악의 테러 집단으로 여겨지는 9·11 테러 주범 알-카에다는 자신들의 당위성과 세력 규합 그리고 조직원 간 소통을 위해 이미 인터넷상의 폐쇄 이용자 그룹과 이메일 등을 주로 활용한 것도 드러났고, 매 범행마다 그 사건의 당위성을 연설 및 영상을 통해 홍보해 왔다.

2014년 10월 개봉 예정이었던 B급 헐리우드 코미디 수준의 영화 인터뷰(The Interview)는 세계적으로 악명 높은 독재자 북한의 김정은 암살이라는 자극적인 주제로 노이즈마케팅 전략을 통해 관심을 끌었다. 이 영화는 북한의 소니 픽쳐스 네트워크 해킹과 제작사 및 배급사에 대한 테러 협박으로 한때 개봉이 전면 취소되면서 노이즈마케팅으로 인한 홍보 효과를 톡톡히 볼 수 있었다. 이러한 노이즈마케팅은 부정적인 이미지에 대한 위험이 있는 반면, 잠재적 호기심 증가라는 역설적 효과로 연결되기도 한다. 논란은 미디어를 통해 빠르게 확산되기 때문에 큰 효과를 얻을 수 있고, 최근에는 특히 인터넷을 통한 SNS 활용이 크게 발달함에 따라 노이즈마케팅의 중요한 도구로 사용되고 있다.

IS는 미디어를 활용한 노이즈마케팅 기법을 전략적으로 활용하고 있다. 호전적이고 투쟁적이며 극히 잔혹한 새로운 테러집단의 이미지를 각인시켜 일반대중들의 혹독한 비난을 받지만, 역설적으로 일반대중과 잠재적 지지자들의 관심과 호기심을 유발시키는 효과를 노리고 있다. 미디어를 통해 현 사회에 대한 불만을 갖고 있는 젊은 층 등 잠재적 아군에게 접근하여 IS를 서방세계에 투쟁하는 의로운 전사집단으로 세뇌시키고, 나아가 IS에 가입하게 하는 고도의 심리전을 동시에 구사하고 있다. 의도적인 미디어 노출을 통한 고도의 심리마케팅 전략을 통해 새로운 지지세력을 꾸준히 규합하는 한편, IS는 인터넷상에서 크라우드펀딩(Crowd Funding)[5] 전략을 통해 지지자들로부터 지원금을 모금하고 있다.

IS, 테러단체 미디어 전략의 새 지평

IS는 기존의 대표적 극단 테러조직인 알-카에다와도 극히 차별화되는 미디어 홍보 전략을 전개하고 있다. 알-카에다가 주로 미국을 겨냥하여 아랍어로 메시지를 낭독, 녹화한 것을 배포하는 기초적인 수준의 미디어 활용에 그친 반면, IS는 미디어 자체의 성격과 파급효과를 잘 이해하여 목표에 맞는 상당히 세련된 미디어 전략을 구사한다는 점에서 기존 테러조직과 차별화된 홍보 전략과 역량을 보여준다.

유럽 식민주의나 미국 등 서구열강의 지배에서 벗어나 영화로운 칼리파 시대로의 회귀라는 궁극적 목적을 달성하기 위해 기존 무슬림들을 성전(지하드)에 참여시키도록 설득하는 홍보 전략을 구사하기도 하지만 나아가 중동권을 벗어난 유럽, 북미, 아시아 등 전 세계 비무슬림들을 무슬림 전사로 포섭하여 성전에 참여시키기 위해 미디어를 적극적으로 그리고 상당히 효과적으로 활용하고 있다.

IS의 미디어 전략은 전 세계, 누구나를 대상으로 하고 있다. 주로 소통 수단으로 인터넷을 이용했던 구시대적인 알-카에다와 차별화 된 IS의 세련되고 수준 높은 미디어 전략은 지하드 3.0이라는 신조어를 탄생시킬 정도다.[6] IS의 인터넷 SNS 사용 능력과 감각은 혀를 내두를 정도다. 인터넷과 미디어를 완벽하게 이해하는 이들이 세련된 디자인의 동영상과 웹진을 뿌려댄다. 전 세계 어디서나 내려 받기가 가능하기에 이들의 선전은 누구에게나 쉽게 다가갈 수 있고, 누구와도 접촉할 수 있다. 능수능란하게 인터넷을 사용하며 잠재적 지하디스트들에게 다가가 포섭을 시도한다.[7] 그들은 미디어를 통해 IS의 정당성을 강조하고 변화의 대리인, 진정한 믿음의 사도, 외세로부터 고통 받

버스정류장에서 행선지와 요금을 흥정하는 사람들
-시리아, 2010년

고 억압 받은 자들을 위한 보복자들로 스스로를 정당화한다.

IS의 미디어 활용 수단은 다양하다. 자체 온라인 홈페이지는 물론, 온라인 잡지인 『다비끄』, 트위터(twitter), 페이스북(facebook), 인스타그램(instagram), 텀블러(tumblr), 사운드클라우드(SoundCloud) 등의 미디어를 다양하고 적극적으로 활용하고 있다.

Foreign Policy Research Institute의 클린트 와트 소장에 따르면 IS가 유포한 미디어 자료는 대외적으로는 그들의 활약상을 과시하는 수단으로 사용되기도 하지만, 내부적으로는 조직원들 스스로 역사적인 과업에 직접 참여하고 있다는 사실을 가족과 국가에 알리는 수단으로 사용되고 있다. 나아가 외국인 전사를 모집할 때 모집자와의 접촉 방법을 알려주고, IS 조직원이 되었을 때 어떤 임무를 수행하게 되는지 사전 정보를 전달하는 통로로 이용된다.[8]

IS의 미디어 전략이 주목받는 것은 참수 동영상 공개 같은 범행의 잔혹함보다 그러한 홍보 전략을 위해 치밀하게 계획되고 수립된 미디어 전략을 새로운 수준에서 수행한다는 점이다. 이들은 세련되고 전문적인 미디어 세력인 알-이티삼 미디어 프로덕션(Al-Itisam Establishment for Media Production)을 갖추고 있으며, 이 부서에서 집중화된 선전·선동 전용 미디어 조직을 운영한다. 또한 중동을 넘어 세계 각국의 일반대중과 소통하기 위해 영어, 독일어, 프랑스어, 아랍어 등 7개 언어로 홍보 선동 활동을 하는 알-하야트 미디어센터(Al-Hayat Media

Center)까지 운영하고 있다. 알-아즈나드 미디어(Al-Ajnad Media)는 꾸란 암송과 지하드 군가 등을 제공하는 등, 주로 현지 무슬림들을 대상으로 한 콘텐츠 제작을 담당한다.

이러한 전용 미디어팀의 전략은 자신들의 파괴적이고 공격적인 잔혹함을 홍보하는 데 그치지 않는다. 메시지 수용자층을 구분하여 메시지 내용의 종류와 강약 등을 다양하게 유출하는데, 적과 지지자의 흑백 관계 설정, 현지 주민과 외부세계의 잠재적 지지자로 구분된 표적 대상별 메시지 차별화 등 고도의 언론 심리 전술까지 사용한다.

HD급 고화질 영상, 세련된 그래픽과 로고 사용 등 수준 높게 정제된 영상 제작과 콘텐츠 전문화를 통해, 메시지를 받는 일반대중은 무의식적으로 그들의 정당화·합리화 전략에 호기심을 갖게 된다. 나아가 인터넷과 소셜네트워크(SNS) 등에서 의도적으로 이용된 그들만의 이미지메이킹 전략에 빠지게 되어 세뇌효과까지 불러일으키는 실정이다. 실지로 이러한 이미지메이킹 전략에 빠져들어 IS에 온라인상으로 가입하는 일이 이제는 우리나라에서까지 일어나고 있다.

IS의 미디어 전략에서 더 흥미로운 점은 소셜네트워크를 통해 끊임없이 적들을 위협하는 메시지와 지지자들을 독려하는 메시지를 효율적으로 구분하여 전파하고 있다는 것이다. 이들은 유튜브, 페이스북, 트위터, 인스타그램 등 여러 소셜미디어를 적극적으로 활용하는 것은 물론이고, 스마트폰 전용 앱까지 개발하여 메시지를 전달하며, 전달된 메시지는 앱 가입자의 소셜 계정을 통해 재 확산되도록 한다. 소셜미디어에 자신들의 일상에 대한 사진과 소식을 영웅적으로 미화된 형태로 게시하여 의로운 전사로 이미지메이킹함으로써 세계 각국의 잠재 관심자 및 지지자들에게 친근한 동질감을 유발시켜 자연스럽게 소통한다는 느낌을 만들어주는 것이다.

전방위적 소셜미디어 활용

소셜미디어는 본질상 글로벌하다. 소셜미디어의 가장 큰 장점인 글로벌 연결성은 긍정적 혹은 부정적 메시지가 전 세계적으로 퍼지게 만든다. 또한 메시지가 디지털 형태로 존재하기 때문에 오해를 불러일으키거나 시간이 지나면서 왜곡될 가능성도 적다.[9]

IS는 전 세계를 대상으로 지하디스트를 충원하는 경로로 소셜미디어를 활용하고 있으며, 이를 통해 IS의 이슬람 교리와 투쟁 전술의 전파, 지하드 그룹 가입 등이 순식간에 이루어지고 있다. 접속자들은 인스타그램이나 페이스북을 통해 IS에 관해 우호적인 이미지를 처음으로 접하고, 문답을 주고 받으면서 점차 IS 이념에 빠져들어 궁극적으로는 지하디스트가 되는 길에 들어서게 된다. 이후 질의 응답 오픈 서비스인 Ask.fm 사이트에서 IS나 이슬람, 또는 이라크 등의 문항 검색을 통해 질문을 올리면 IS 방계 미디어 조직원들이 각지에서 접속하여 친절하게 문답을 주고 받고, 접속자의 신원이 확인될 경우 즉각 슈어스팟(Surespot), 키크(Kik), 스카이프(Skype) 등 모바일 메신저 앱을 통해 일대일 접촉에 들어간다.[10]

트위터와 페이스북의 계정을 수시로 바꿔 가며 선전 수단으로 활용하는 IS는 자신들에게 불리한 메시지의 경우 소셜미디어의 서비스 약관을 교묘하게 이용해 스팸으로 신고하여 삭제하거나 비난하는 댓글을 게재한다. 동영상 공유 사이트인 유튜브는 포로 처형 같은 잔혹한 동영상을 공개해 상대편을 위협하고 서구 출신 지하드 자원자를 모집하는 통로로 활용한다. 음악 공유 애플리케이션인 사운드클라우드로 지하드 음악을 공유하고, 문자 공유 애플리케이션인 저스트 페이스트로는 주요 전투 성과와 이슬람 원리주의 설교문을 게재한다.

최근 발표된 연구 결과에 따르면 2014년 9월부터 12월까지 약 4만 6천여 개의 트위터 계정이 IS 지지자들에 의해 사용되었다.[11] 그 중 총 2만 명의 IS 지지자 트위터 사용 추이를 분석한 결과에 따르면, IS 지지자들의 단일 계정당 팔로어 수는 평균 100명이 넘는 것으로 나타났다. 또 IS 소셜미디어 계정의 스팸 혹은 보트(bot, 특정작업을 반복 수행하는 프로그램) 메시지를 분석한 결과 총 메시지의 20%가 자동 소프트웨어를 통해 생성되고 있는 것으로 나타났다. 메시지가 한꺼번에 일괄 확산되기 때문에 IS 홍보 및 영향력 확산에 매우 실질적인 파급 효과가 있는 것이다.

〈IS 지지 연도별 신규 트위터 계정수〉

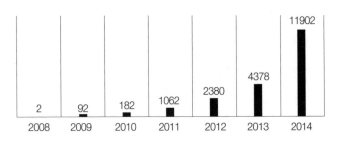

출처: Brookings 연구소, 2015

또한 5천여 개의 트위터 계정이 하루 평균 약 50회의 트위터를 하는 것으로 나타나, 적극적인 소수 트위터들의 활동이 IS의 미디어 전략 성공에 큰 역할을 하고 있음을 알 수 있다.

IS는 매우 효과적으로 트위터를 활용하고 있다. 예를 들어 안드로이드 앱인 Dawn of Glad Tidings(약칭 Dawn)을 통해 IS 조직원들은 실질적으로 그들의 경험을 공유하고, 다른 조직원들과 소통하며 나아가 점점 증가하는 그들의 지지자들과도 소통한다. 그러면 IS 소셜미디어 관리자가 이 앱을 통해 수집한 신규 가입자들의 개인 신상 정보를 이용해 트위터의 스팸 탐지 알고리즘을 교묘히 피해서 링크, 해쉬태그, 이미지 등을 포스팅한다. IS의 소셜미디어 전략은 대다수를 깜짝 놀라게 할 정도의 수준이다. 캐나다의 VICE 매거진은 IS를 소셜미디어 전문가(total social media pros)라고 지칭할 정도이다.[12]

2014년 6월 ISIS의 이라크 모술 점령 시 조직원들의 트위터 횟수는 하루에 무려 4만 4천여 건에 달했다. 특히 트위터의 해쉬태그 기능을 교묘히 활용한 예로 대중적으로 잘 알려진 아랍어 트위터계정 @ActiveHashtags에 트위터 당 평균 72건의 리트윗을 기록하였고, 브라질월드컵 개최 당시 #Brazil2014, #ENG, #France, #WC2014 등의 해쉬태그를 이용해 수백만의 월드컵 트위터들이 IS의 홍보 동영상에 링크할 수 있도록 유도하기도 하였다.[13]

IS는 심지어 자체 상품을 제작하여 온라인에서 판매하기도 한다. IS 깃발과 로고가 새겨진 티셔츠를 포함해 후드셔츠, 야구모자 등을 온라인에서 구매할 수 있는 것이다.[14] 이러한 상품은 주로 인도네시아에서 생산되어 온라인으로 판매되는 것으로 추정되는데, IS 극단주의 무장단체의 위협성과 심각성을 미처 이해하지 못하는 일부 젊은 세대들이 그저 흥미 위주로 이러한 상품을 구입하여 착용하게 되고, 이는 IS 간접 홍보 효과로 이어지고 있다.

잔혹한? 혹은 친근한?

IS는 미디어를 통해 필연적인 승리의 메시지와 함께 IS 조직원들을 절대 패배하지 않는 전사로 끊임없이 각인시킨다. 이렇게 가공된 이미지는 새로운 조직원을 끌어들이는 데 효과적으로 활용되며, 특히 유혈이 낭자한 참수 장면이나 산채로 분살하는 장면 등은 적들에게 상당한 위협의 메시지로 전달된다. 그러나 고양이를 특히 좋아했던 사도 무함마드의 친구 아부 후라이라에 관한 대화를 나누고, 미국산 스니커즈 초코바를 먹으면서 고양이에게 먹이를 주고 있는 IS 조직원들의 이미지를 통해, 적들을 잔인하게 살해하는 위협적인 이미지에서 벗어나 따뜻하고 친근한 이미지를 심어주기도 한다.

IS 미디어 전략이 급성장한 배경으로는 외국에서 자원해서 몰려든 외국인 전사들의 역할에 주목할 필요가 있다. 그들은 모국어인 영어, 프랑스어, 독일어 등 다양한 언어로 IS의 프로파간다를 확산, 유포시키는데 주도적인 역할을 하고 있다.

2014년 6월 IS가 유포한 'There is No Life Without Jihad'라는 제목의 13분짜리 영어 홍보용 동영상에는 스스로를 영국인과 호주인이라고 밝힌 조직원들이 등장해 현재 중동의 국경은 제1차 세계대전 이후 서구열강에 의해 인위적으로 책정된 것이므로 받아들일 수 없으며, 세계 각지에서 많은 지원자들이 IS에 가담하고 있으니 승리는 필연적인

것이라고 주장하는 모습이 담겨 있다.[15]

무자트위트(Mujatweets)는 IS가 제작한 에피소드별 동영상 시리즈물이다. 한 에피소드에 등장한 독일 출신 IS 대원은 칼리파 국가에서의 삶이 얼마나 멋지고 행복한 지에 대해 말하며, 다양한 전 세계 사람들이 IS에 합류하여 형제애를 나누고 있다고 강조한다. "여기서는 누구나 평등합니다!"라는 확신에 찬 그의 말과 태도를 통해 성전에는 국경이 없고 모든 사람들이 함께 모여 행복한 삶을 나누는 칼리파 국가 건설에 대한 환상적인 이미지를 심어주려는 의도를 엿볼 수 있다.

다른 동영상 에피소드는 IS 조직원들이 아이들에게 사탕과 아이스크림을 나누어주고 아랍어로 IS!를 선창하면 아이들이 신나서 따라하는 모습을 보여주고 있다. 또 다른 에피소드에 등장한 IS 조직원은 부상당한 동료를 병원으로 찾아가 따뜻한 위로의 말을 건네는 모습으로 등장한다. 이러한 친근한 이미지 이면에는 IS의 프로파간다를 시청자들에게 무의식적으로 심어주고 그들의 위협적이고 폭력적인 이미지를 희석시키려는 의도가 숨어 있는 것이다.

IS는 2015년 3월 10일 이스라엘 출신의 19세 조직원을 스파이라며 소년 조직원이 총살하는 동영상을 공개했다. 레바논 카네기중동센터의 달리아 게님야즈벡은 AFP에서 "IS는 전투에서 질 때마다 잔인한 동영상을 공개한다. 프로파간다로 패배를 보상하려는 것"이라고 말했다. 최근 이라크 님루드와 하트라의 고대 유적을 파괴한 것 역시 우

상을 파괴함으로써 칼리파 국가로서의 정체성을 분명히 보여주려는
의도로 분석된다.

최근 이라크군과 시아파 민병대의 티그리트 탈환 시도에 IS는 티그
리트 근처 하위자에서 시아 민병대원들을 집단 살해하고 거꾸로 매
단 동영상을 유포했다. 이러한 동영상은 순니파의 감정을 자극하여
전쟁 양상을 순니파와 시아파의 분파 간 종교분쟁으로 유도하려는
고도의 심리전술로 파악된다.

IS의 홍보 심리전술은 온라인 게임에서도 발견할 수 있다. Gran
Theft Auto V와 같은 유명한 온라인 게임에 IS 조직원들이 IS 깃발을
들고 등장하는 모습을 담아 무의식적 노출에 의한 세뇌효과를 노리
는 전략을 구사하기도 한다.

칼리파 시대의 복원 다비끄

IS의 또 다른 미디어 도구로 『다비끄』라는 온라인 잡지를 들 수 있
다. 2014년 7월 5일 제1호 'The Return of Khilafah'를 영어와 일부 유럽
어로 발간하였는데, 이 인터넷 저널은 칼리파 국가 설립의 목적과 정
당성, 정치적 권위를 설명하고 지하디스트들의 활동상과 전 세계 잠
재 지하디스트들을 선동하는 내용 등을 담고 있어, IS의 정치적 목표

우마이야모스크의 세례 요한 성소 참배객들(시리아 다마스쿠스)
우마이야모스크는 705년 우마이야조(661-750)의 왈리드 1세에
의해 건설되었다. 교회 터에 모스크를 지을 때 세례 요한의 머리
가 발견되어 모스크 안에 성소를 마련하였다고 한다.

가 무엇인지 파악할 수 있다.

다비끄는 시리아의 알레포 북동부에 위치한 작은 마을이며, 하디스에서 예언자 무함마드가, 콘스탄티노플(현재 이스탄불)을 점령하려는 이슬람 군대가 로마 군대와 마지막 전투를 벌여 대승을 거두는 장소로 지목한 곳으로 전해졌다. 따라서 하디스에 등장하는 이 예언을 보고 IS가 다비끄를 외국의 적과 싸우기 위한 상징적 장소로 정했다는 해석이 가능하고, 실제로 IS는 『다비끄』 제1호와 제3호에서 이러한 배경을 언급하고 있다.[16]

알-카에다가 발간한 『인스파이어』가 독자들에게 서구에 침투해 공격하는 소위 외로운 늑대형 테러 선동에 초점을 맞추고 있다면, 『다비끄』는 IS의 종교적 정당성 확립과 칼리파 국가 설립의 정당성을 설파하고, 전 세계 무슬림들이 칼리파 국가로 이주(히즈라)할 것을 적극 선동하고 있다.

이미 참수된 미국 기자 제임스 폴리와 함께 억류되었던 존 캔틀리는 아들의 석방을 위해 애쓰다 최근 사망한 81세 아버지의 죽음에 대한 책임이 영국 정부에 있음을 강하게 비판했다. 그는 2015년 2월에 발간된 『다비끄』 제7호에서 억류된 신분임에도 불구하고 IS로부터 영국 정부에게서 받지 못한 존중과 친절함을 받고 있다고 말하며, 인질 석방에 미온적 태도를 보여 온 영국정부와 자극적인 사건 보도에 열을 올리고 있는 미디어에 대한 강한 불만을 표출했다.

『다비끄』는 IS의 잠재적 전사들과 미래의 칼리파 국가 국민들에게 보내는 포괄적인 메시지를 담고 있다. 단순한 프로파간다를 넘어서 그들이 추구하고 있는 칼리파 국가 비전에 대한 표면적 발화인 것이다. 『다비끄』가 제시하고 있는 정치·군사·종교적 논의를 넘어 가장 중요한 것은 『다비끄』를 통해 IS의 향후 글로벌 전략을 가늠해 볼 수 있다는 점이다.

적극적인 공동 대응이 절실

독일 라이프치히대학의 이슬람 전문가이며 2007년부터 IS의 홍보 전략을 연구해 온 크리스토프 귄터 교수가 지적한 대로, IS의 디지털 지하드(digital jihad)는 지난 2년여 동안 기하급수적인 발전을 거듭했다. 초창기 아랍어로 한 시간이 넘는 장황한 연설을 인터넷에 올려 놓았던, 동영상 이미지의 질이 형편없었던 그런 IS 미디어는 더 이상 없다.[17]

IS는 여러 다른 인터넷 플랫폼을 이용해 끊임없이 동일한 메시지를 반복한다. 그들은 세부 목표에 맞게 동영상이나 메시지를 제작하는 데 외국인들에게는 세련되고 논리정연한, 현지 무슬림들에게는 잔인하고 위협적인 콘텐츠를 유포한다. 전 세계 온라인 매체는 검열을 통해 IS의 온라인 계정을 차단하고 동영상을 금지시키지만, IS의 온라인 잡지 『다비끄』와 관련 기사, 메시지, 동영상 등은 보란듯이 자유롭게 온라인상에서 활개를 치고 있다.

IS는 목표 대상을 파악하고 유인·포섭하는 데 상당히 수준 높은 미디어 전략을 이용한다. 트위터, 페이스북, 인스타그램, 텀블러 등 온라인 매체를 통해 유포된 공식적이고 대중적인 메시지를 전 세계 지지자들과 함께 공유하고 있는 것이다.

그러나 이러한 미디어 전략이 늘 성공적인 것은 아니다. 테러단체인 알-카에다조차 무슬림을 살해하는 무슬림들의 이미지가 오히려 역효과를 초래할 수 있다는 사실을 간파하고 IS의 이러한 잔혹한 행위에 대해 비판적인 태도를 견지했다. 이집트 출신 유스프 알-카라다위를 비롯한 무슬림 지도층 지식인 126명은 IS의 지도자 알-바그다디에게 보낸 공개서한을 통해 자의적인 이슬람법 해석, 무차별적 살인, 타인에 대한 신앙 검증, 사회적 약자에 대한 폭력 등 이슬람과 꾸란에 위배된 항목 등을 조목조목 비판하기도 했다.[18]

2014년 12월 17일 사우디아라비아 리야드 나이프 아랍안보대학(NAUSS)에서 3일 동안 "테러리즘에 대항한 아랍 미디어의 역할"을 주제로 회의가 개최되었다. NAUSS 최고위원회 회장직과 아랍 내무부 장관직을 겸하고 있는 사우디아라비아의 무함마드 빈 나이프 장관의 지시로 개최된 이 회의에서, 미디어와 테러 전문가들이 IS와 같은 극단주의 무장 테러집단에 저항할 아랍 미디어의 현실적 대안 마련을 위해 고심하였다.

　IS는 즉각성·무제한성·개인성에 기반한 웹 콘텐츠를 계속 확대 재생산하고 있으며, 이 콘텐츠는 누구나 호감을 가질 만한 그래픽과 음성으로 구성되어, 현재는 스마트폰을 소지한 이는 누구든 어디서나 테러리즘의 프로파간다에 접근할 수 있다. 이러한 상황에 힘입어 극단주의 테러단체는 그들의 목표 달성을 위해 수단과 방법을 가리지 않을 것이다. 그중 미디어를 포함한 테크놀로지를 가장 성공적으로 활용하고 있는 단체가 IS이다. 현재까지 전문가 수준의 미디어를 자유자재로 활용하면서 정치적 목적을 추구하고 있는 IS의 미디어 활용 전략은 매우 효과적이고 효율적으로 작동하고 있는 것으로 평가되고 있다.

　IS의 테러리즘은 더 강력한 이념과 정밀한 논리를 갖춘 운동으로 변화하고 있다. 때론 폭력적인 이데올로기를 통해, 때론 감성적인 심리전을 이용하여, 때론 종교적 기제를 사용하여 미디어라는 가장 효과적이고 파급력이 큰 도구를 그 어느 테러단체보다 잘 활용하고 있다. 잔혹한 테러 집단인 IS는 지금까지의 테러 무장 세력들과는 완전히 차원이 다른, 고도로 발전된 미디어 운영 집단과 미디어 전략을 통해 한편으로는 잔학한 폭력성을 과시하고 다른 한편으로는 그런 잔학한 폭력에 동참하도록 하는 세련된 고도의 심리 전술을 병행하고 있다. 이러한 발전된 미디어 홍보전략과 기술이 온라인을 통해 테러 집단에 의해 활용되므로써, 국경을 무방비로 침공당하며 이를 방어할 수 없는 것과 같은 심각한 상황에 이르렀다.

합참의장 마틴 뎀프시는 국회 연설에서 IS의 격퇴는 군사적으로뿐만 아니라 그들의 이데올로기를 광범위하게 확산시키는 IS의 홍보전략을 무산시킬 때 가능하다고 말했다. 극단주의자들의 전략적 미디어 활용을 막기 위해서는 다양한 대응 전략이 강구되어야 한다. 소셜 미디어를 모니터링하는 소극적인 수준에서 벗어나 주요 국가 정부와 미디어 업체, 보안기관과의 소통 강화와 협력이 필요하다. 또한 좀 더 적극적인 역 프로파간다 전략을 펼칠 필요가 있으며, 무엇보다 홍보 수단과 소셜네트워킹을 위한 온라인 매체로서의 개념적 인식을 뛰어넘어, 제2의 전쟁터로서의 미디어를 인식하는 것이 중요하다. 고도로 치밀하게 계획된 IS의 미디어 공격 전략에 대처하는 침착하고 냉정한, 수준 높은 언론의 보도와 개인 미디어 사용자들의 분별력을 돕는 정부 차원의 적극적 홍보도 절실한 과제이다.

IS의 정치 군사적 테러리즘

이효분_ 국방대학교 교수

야채가게 아저씨——
시리아, 2010년

바빌론 유적(이라크 니느웨)
니느웨는 기원전 700백년 경 아시리아의 수도로 당시 인구
가 15만 명에 달할 정도로 큰 도시였다. 대부분 폐허가 되
었으며 약 12킬로미터에 달하는 성벽이 보존되어 있는데,
2015년 5월 IS가 이곳의 유적을 파괴하겠다고 밝혔다.

테러와 테러리즘은 인류 역사와 함께 존속해 왔으며, 지금도 우리는 테러의 시대에 살고 있다. 2001년 9월 11일, 전 세계인들은 비행기를 이용한 뉴욕의 세계무역센터 테러 장면을 TV를 통해 지켜보았고, 전 세계는 경악과 공포에 휩싸였다. 미국은 9 · 11 테러 같은 상황이 미국 땅에서 벌어지는 일은 다시는 용납할 수 없다며 테러를 발본색원하겠다는 자세로 선제공격 개념을 도입하며 테러와의 전쟁을 시작했다. 그러나 테러를 뿌리 뽑겠다며 시작된 테러와의 전쟁은 9 · 11테러의 배후 인물로 지목된 알-카에다의 오사마 빈 라덴이 제거됐음에도 불구하고 더 큰 테러의 위협과 더 위협적인 테러단체가 양산되는 결과로 진전되고 있다. 대 테러전으로 시작된 2001년 아프가니스탄 전쟁과 2003년 이라크 전쟁은 수많은 인명 손실과 난민을 양산했고, 미군의 이라크 완전 철군과 다국적군의 아프가니스탄 철수 이후에도 이라크와 아프가니스탄은 여전히 혼란에 빠져 있다.

2010년 말부터 서북부 아프리카 튀니지에서 시작된 아랍의 봄 물결은 튀니지, 리비아, 이집트, 예멘 등 아랍의 장기 독재 정권을 무너

뜨렸고 민주국가 건설을 향한 희망의 횃불로 비쳐졌다. 그러나 민중 봉기로 장기 독재 정권이 붕괴된 뒤, 독재 정권을 쓰러뜨리기 위해 대정부 투쟁을 해왔던 야당 및 반정부 세력들은 서로 정권을 잡기 위해 혈안이 되었다. 이러한 혼란 속에서 사회는 더욱 무질서해지고 폭력과 부패가 난무해 민주주의를 갈망한 국민들의 바람과는 상이한 결과가 초래되었고, 정치 사회적 혼란은 가중되어 갔다.

2011년부터 시작된 시리아 사태는 내전으로 치닫게 되었고, 미군철군 이후 안정적인 국가 형성의 시험대에 서 있던 이라크 역시 혼란에 빠지게 되었다. 이런 가운데 혼란을 부추기는 무장세력들이 독버섯처럼 생겨나 세력을 확장해 나갔다. 시리아 내전의 확산과 더불어 2013년 말부터 급속하게 세력을 확장해 오던 ISIS는 2014년 초부터 이라크 순니 아랍지역인 안바르 주를 중심으로 빠르게 세력을 확장해 나갔고, 이라크 총선(2014.4.30)을 기점으로 이라크 정부의 존립을 위협하기에 이르렀다. 그리고 2014년 6월 29일 이라크와 시리아 순니 무슬림 지역을 기반으로 한 IS 건설을 선포하였고, 극심한 사회적 혼란과 내전에 휩싸인 이라크와 시리아의 영토를 점령해 가며 현존하는 두 국가의 정권 존립을 위협하고 있다. 이에 미국을 위시한 국제사회가 무고한 시민들의 희생을 막고자 IS와의 전쟁을 치르고 있다.

이에 작은 무장단체로 출발한 IS의 성장 과정과 목표 분석을 통해 IS의 정치 군사적 전략과 향후 전망을 제시해 보고자 한다.

IS 성장의 정치적 함의

IS의 태동과 성장

IS는 1999년 조직된 유일신과 성전에 기반하고 있다. 이 무장조직은 2003년 미군 주도의 이라크전 이후 서방을 향한 대 성전을 외치며 무장 투쟁을 전개하고, 2004년 10월에 조직 명칭도 메소포타미아 알-카에다로 바꾸는데, 이 조직은 이라크 알-카에다로도 불린다. 이는 이 조직의 설립자인 요르단 출신의 이슬람 원리주의자 아부 무스압 앗-자르까위와 그의 무장 동지들이 알-카에다의 수장 오사마 빈 라덴에게 충성을 맹세한 데서 유래한다. 이 무장단체는 무자비한 잔혹성으로 악명을 떨쳤다. 이들은 이라크 정부 관료들과 치안 병력에 대한 공격뿐만 아니라 무고한 일반시민들을 공격해 살생을 일삼았고 김선일 참수 사건도 이 무장단체의 소행이었다.

앗-자르까위는 2005년 7월 알-카에다의 2인자 앗-자와히리에게 보낸 서신에서 이라크 전쟁을 확대하기 위한 4단계 계획안을 주장했다. 그것은 이라크에서 미군을 축출하고, 이슬람의 권위를 갖춘 칼리파제 이슬람국가를 건설해 이라크 주변 세속 정권들 내에 갈등을 확산시키며, 아랍-이스라엘 간 갈등을 주도해 나가는 것이다.[1] 이라크 알-카에다는 2005년 암만에서 3개 호텔에 폭탄 테러를 자행했고, 알-카에다는 앗-자르까위의 과격하고 독단적인 행위로 인해 이라크 알-카에다와 일정한 거리를 두게 되었다.

2006년 10월 12일 이라크 알-카에다는 4개의 소수 무장단체들과 함께 이라크 무자히딘 슈라위원회로 통합되었다. 이는 이라크 알-카에다에 좀 더 이라크적인 요소를 덧씌우고 앗-자르까위의 무자비하고 독단적인 행동으로 인한 알-카에다의 대외적 이미지 손상을 피하기 위해 취해진 조치로 평가되고 있다. 이라크 무자히딘 슈라위원회는 이라크 순니 아랍부족의 대표성을 표방하며 전통 아랍 충성 맹세를 결의하였다. 이 의식을 통해 그들은 이라크 아랍 순니 무슬림들을 시아파와 외국 압제자들로부터 해방시키고, 더 나아가 알라의 이름으로 이슬람의 영광을 복원시키겠노라고 맹세했다. 충성 맹세 의식을 마친 다음날, 이라크 무자히딘 슈라위원회는 이라크에서 대부분 순니 아랍지역으로 분류되는 6개주에 아부 우마르 알-바그다디를 통치자(아미르)로 한 ISI를 선포하였다. ISI가 영토로 선포한 지역은 바그다드, 안바르, 디얄라, 키르쿠크, 살라핫딘, 니느웨와 6개주와 바빌 주와 와시트 주 일부를 포함하고 있으며 수도는 바쿠바로 잠정 결정하였다. 이 단체의 지도자 알-마스리는 ISI의 10개 내각에서 전쟁부 장관을 맡았고, ISI는 안바르, 니느웨, 키르쿠크, 그 외 일부 지역에서 세력을 확장해 나가다 무자비한 테러 행위로 인해 2008년경부터 세력이 위축되었다.

조직이 위축되던 ISI는 시리아 내전에 참여하며 새로운 전기를 맞게 된다. 2011년 3월에 시작된 시리아 아사드 정권에 대항한 시민 봉기는 시간이 지날수록 더욱 거세어졌다. 수 개월에 걸쳐 시위대와 치안군 간의 갈등이 격렬해져 시리아 정국은 혼돈에 빠져들었다.

2011년 8월 아부 바크르 알-바그다디는 시리아와 이라크에 전투 경험이 풍부한 ISI 무장대원들을 파견했고, 혼란을 틈타 조직의 확대를 모색하였다. 시리아인 무장대원 아부 무함마드는 무장대원을 모집하고 시리아 내에 세력을 구축하면서 2012년 1월 누스라 전선 (Jabhat al-Nusra)으로 알려진 시리아국민지원전선을 조직하였다. 누스라 전선은 반 아사드 정권을 외치던 시리아 민중의 지지 속에 급속하게 세력을 확장해 가며 반군 세력의 한 축을 형성하였다. 2013년 4월 8일, 알-바그다디는 ISI의 전폭적인 지원 하에 세력을 키우던 누스라 전선과 ISI를 이라크 시리아 이슬람국가로 병합하였다. ISIS 또는 ISIL로 불리는 이 무장단체의 아랍어 명칭은 이라크 샴 이슬람국가로 아랍어 약어로는 '다이쉬(Daish)'로 불린다. 여기서 샴은 대 시리아(Great Syria)를 말하며 오늘날 시리아, 레바논, 팔레스타인 일부와 요르단 일부 지역을 말한다. 레반트가 이 지역을 아우르는 지역이다보니 영어 번역 과정에서 일부는 레반트로 일부는 시리아 또는 샴 지역으로 번역되어, 한 무장단체임에도 불구하고 두 개의 용어로 호칭되었으며, 미 국무부는 이 무장단체의 명칭을 ISIL로 공식화(2014.5.14.)하였다.

ISIS는 아부 바크르 알-바그다디의 지도 하에 이라크 아랍 순니에 대한 정치 경제적인 적극적 구애로 이라크 내에서 지지를 얻었고, 시리아 내전에 반군의 일원으로 적극 참여하여 시리아의 앗-라까, 이들립, 데이르 엣-조르, 알레포 5개 주를 수중에 넣었다. ISIS는 2004년 10월부터 알-카에다와 긴밀한 관계를 유지해 왔으나, 2014년 2월 알-카에다 2인자 앗-자와히리는 ISIS의 잔혹성과 독선 때문에 ISIS와의 모든 관계를 단절한다고 공식 발표함으로써 ISIS를 알-카에다 조직에서 퇴출시켰다.

칼리파제 이슬람국가 선언의 정치학

오늘날 테러리즘은 국제 분쟁의 한 형태로 취급되고 있으며, 테러리즘은 그 대상이 한 개인이나 사회가 아니라 국가까지를 포함하여 다양한 형태로 나타나고 있다는 데 문제의 심각성이 있다. 이러한 현상은 개인이나 사회의 범주를 넘어 국가 간의 분쟁과 대리 전쟁의 형태로 나타나고 있다. 또한 테러의 수단과 동기는 다양하고 대부분의 테러 행위가 정치적 목적을 지향하고 있다는 점에서 독특한 국제 정치적 성격을 갖는다.[2]

IS는 2010년 아부 바크르 알-바그다디가 조직을 맡게 되면서 급성장하였다. 알-바그다디의 원래 이름은 이브라힘 아와드 이브라힘 알

〈IS의 이라크-시리아 점령 현황〉

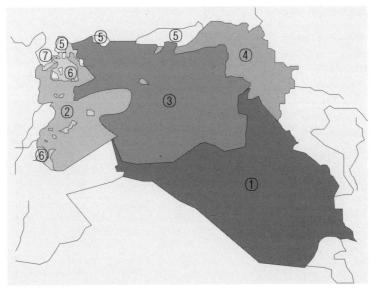

2015년 3월 8일 현재

　　① 이라크 정부군 장악지역
　　② 시리아 정부군 장악지역
　　③ IS 장악지역
　　④ 이라크 쿠르드군 장악지역
　　⑤ 시리아 쿠르드군 장악지역
　　⑥ 시리아 반정부군 장악지역
　　⑦ 누스라 전선 장악지역

리 무함마드 알-바드리 앗-사마라이이다. 이름에서 보듯이 사마라 출신의 이브라힘이 바그다드 출신의 아부 바크르가 되었다. 아부 바크르는 632년 예언자 무함마드가 사망한 뒤 1대 정통칼리파로 등극한 인물이며, 바그다드는 750년부터 1258년까지 압바스제국의 수도였다. 따라서 알-바그다디는 이라크 서북부와 시리아 동북부 지역을 영토로 하는 IS를 선포하고 자신을 칼리파로 칭하며 칼리파제 이슬람국가를 선언한 것이다. 이는 칼리파가 예언자 무함마드의 대리인으로서 무함마드의 종교적·정치적 권한을 계승하여 이슬람공동체를 다스리는 최고 통치자인 만큼, 자신이 칼리파로서의 모든 권한을 가지며 모든 이슬람국가의 최고 지도자로 군림하겠다는 의미이기도 하다.

ISIS의 본질적 목표는 이라크 순니 다수 거점 지역에 이슬람국가를 건설하는 것이다. ISIS는 시리아 내전 참여를 계기로 시리아 순니 아랍 거주 지역으로까지 영역을 확대하게 되었고, 2014년 6월 29일 아부 바크르 알-바그다디를 칼리파로 추대한 IS를 선포하기에 이르렀다. 알-바그다디는 스스로를 칼리파로 선언하며 전 세계 무슬림들에 대한 통치 권한을 주장했고, 시리아·요르단·이스라엘·팔레스타인·레바논·사이프러스·터키 남부 일부를 포함한 레반트 지역을 시작으로 전 세계 대다수 지역을 무슬림 통치하에 편입시키겠다는 목표를 밝혔다. 그리고 국가의 조직 운영을 적용해 국가 체계를 표방하고 있다. 지휘부에 샤리아(이슬람 율법 담당), 슈라(내각 입법 담당), 군사, 치안 등 4개 위원회를 두어 IS 운용에 조언을 하도록 했고, 석유개발 장관을 포함한 전시 내각을 운영하고 있다.

IS는 알-바그다디와 자문단을 주축으로 움직인다. 이라크 담당 아부 무슬림 앗-투르크마니(Abu Muslim al-Turkmani, 전투 중 사망)와 시리아 담당 아부 알리 알-안바리(Abu Ali al-Anbari) 두 사람이 부대표이고, 이라크와 시리아에 12개 지방 주지사가 있다. 지휘부 아래에 재무, 지휘, 군사, 법률(법 집행 포함), 외국인 전투원 지원, 안보, 정보, 언론 위원회가 있다. 슈라위원회는 주지사나 위원회의 결정에 대한 이슬람법 해석을 하고 이를 준수하도록 한다. IS의 주요 지도부는 이라크인, 특히 사담 후세인 정권의 전임자들이 지배하고 있다. IS의 지도부는 이라크와 시리아인들이 타 국적자들보다 우위를 점하고 있다.[3]

IS의 테러와 군사 전략

9·11 테러전까지만 해도 테러조직은 거의 대중적 지지 기반을 갖지 못했고, 테러가 억압받는 이슬람세계의 일반적인 대응 형식도 아니었다. 그러나 미국이 9·11 테러를 일방적인 패권주의 확산을 위한 도구로 사용함으로써 테러가 더욱 기승을 부리게 되었다.

이슬람에서 지하드는 종교적 가치가 훼손되는 것을 막고 신의 가르침을 지키기 위한 모든 투쟁을 일컫는다. 지금까지 전통적인 지하드는 이슬람을 공격한 서구에 대한 응징과 무장 투쟁에 초점을 맞추었으나, 모던 지하드는 서구의 침략 세력뿐 아니라 무슬림 대중들을 착취하는 이슬람 내부의 적들을 향해 새로운 투쟁의 방향을 설정하고 있다.[4]

테러리즘이 일반적 범죄 현상과 다른 정치 현상의 한 양상이며, 또한 현실적으로 국제사회에서 분쟁·전쟁론적 차원에서 정치학적으로 다루어지고 있는 현실에 비추어, 정치 군사적 차원에서 연구하는 것도 의미가 있을 것이다. 테러의 정치적·전쟁론적 성격을 규명하기 위해서는 테러의 본질적 성격을 규명하고 테러 사태의 원인을 잘 살펴야 한다.

IS는 오래전부터 차량 폭탄, 자살 폭탄, 급조폭발물(IED)을 이용해 테러를 해 왔고, 이라크 정부군과 시리아 정부군, 시리아 반군이 사용하던 재래식 및 비재래식 무기들을 탈취해 사용하고 있다. 이들이 획득한 무기들은 이라크전이나 시리아 내전을 위해 미군이나 국제연합군이 지원한 무기들이거나 사담 후세인 정권에서 사용하던 소련제 무기들이 다수를 차지하고 있다.

IS의 무기와 전투력

IS가 전장에서 사용하는 무기는 재래식 무기와 비재래식 무기가 망라되어 있다. 재래식 무기는 2003년 시작된 이라크 전쟁 동안 이라크 전역에 걸쳐 있던 사담 후세인 정권 군기지에 적재되어 있던 무기들을 탈취한 것이고, 무기들은 미국과 연합군에 맞서 싸우는 데 사용되었다. 무기들 중에는 AKM 변종 공격용 소총, PK 기관총과 RPG-7이 포함되어 있다.

IS는 이라크전 이후와 시리아 내전 기간을 통해 다양한 종류의 무기를 획득하였고 그 획득 물량도 상당하여, IS 전투원들의 전투력 증강에 활용해 왔다. 무기 획득의 경로는 이라크군과 시리아 정부군으로부터 빼앗은 무기와 부패한 군경으로부터 사들인 무기뿐 아니라, 시리아 내전을 통해 반군에게 지원됐던 무기들이 그대로 IS에 흘러들어 가기도 했다. 상당 물량의 다양한 무기는 결국 전투를 승리로 이끌 수 있는 능력으로 이어졌고, 전장에서의 승리는 더 많은 무기들을 획득할 수 있게 했다. IS가 확보해 사용하고 있는 무기로는 SA-7과 스팅거 지대공미사일, M79 Osa, HJ-8과 AT-4 대전차포, T59 야포와 M198 유탄포, 험비, T-54/55, T-72 M1 전차, M1117 장갑차, 트럭견인포, ZU-23-2 고사포, BM-21 다목적 유도탄발사대, 그리고 최소 스커드 미사일 1기를 보유 중인 것으로 알려졌다.[5]

IS는 2014년 10월 이라크군 헬리콥터 1대를 격추했고, 그 외에도 몇 대의 헬리콥터를 더 격추했다고 주장했다. IS가 사우디아라비아와 카타르를 통해 시리아 반군에게 지원됐던 중국제 FN-6 같은 개량 지대공미사일을 보유한 것으로 보이는데, 이 무기는 시리아 반군으로부터 사들이거나 약탈했을 것으로 보인다.[6]

IS는 2014년 6월 모술공항을 점령해 UH-60 블랙호크 헬리콥터와 비행기들을 약탈했고 시리아에서는 전투기도 약탈했다. 2014년 10월에 SOHR는 전 이라크 조종사가 약탈한 시리아 제트기로 IS 무장대원들에게 조종술을 훈련시키고 있다고 보고했다. MiG-21과 MiG-23 제트기가 앗-자라 군 공항 위를 비행했다는 증언들이 있었지만, 미 중부 사령관은 시리아나 그 외 지역에서 IS 대원이 조종한 비행기에 대해 아는 바 없다고 밝혔다. 10월 21일 시리아 공군은 IS 보유 전투기 3대 중 2대가 앗-자라 공군기지에서 착륙 중 격추됐다고 주장했다.[7]

IS는 2014년 7월 모술대학에서 핵물질을 탈취했는데, 이라크 유엔 대사 무함마드 알리 알-하킴(Mohamed Ali Alhakim)은 모술대학에서 탈취된 이 핵물질들이 대량살상무기 제조에 사용될 수도 있다고 했다. 이에 핵전문가들은 이를 중대한 위협으로 받아들였으나 국제원자력기구(IAEA, International Atomic Energy Agency)는 위험 등급을 낮게 평가해 핵확산이나 안보에 심각하지 않다고 발표했다.[8] IS는 이라크 군기지에서 사담 후세인 정권의 화학무기를 탈취해 이라크와 시리아 정부군,

시리아 반군에게 염소가스를 사용한 정황도 있고, 시리아 코바니에서 쿠르드군에게 정체불명의 화학무기를 사용했다는 주장도 제기됐다.

IS의 군사력은 전투 병력을 의미한다. IS의 전투원 수는 2014년에 급격하게 팽창했고, 규모는 1만에서 20만명[9]으로 추산된다. 2014년에 편입된 무장단체를 포함해 IS가 무력으로 장악한 지역은 이라크, 시리아 데르나(Dema)를 포함한 리비아 동부의 다수 도시들이다. IS 전투원들은 레바논, 이란, 요르단으로 침투하고 이들 국가들과의 국경지역에서 무력 충돌을 일으키기도 한다. 또한 알제리, 파키스탄, 필리핀의 무장단체들과 연대를 맺으며 세력 확장을 꾀하고 있다.[10] 2015년 1월 IS는 아프가니스탄과 예멘에 자신들의 군사력 존재를 더욱 견고하게 다지고 있고, 2015년 2월초 IS 조직원들을 난민으로 위장시켜 EU에 잠입시킨 것으로 밝혀지기도 했다. IS 대변인은 4천여 명의 무장대원이 유럽에 잠입했으며 이들은 이라크와 시리아의 IS 근거지 공습에 참여한 국가들에 대한 보복을 준비하고 있다고 밝혔다.[11] 그러나 전문가들은 비록 일부 서방국가들이 이들의 잠입을 인지하고 있긴 하지만, IS가 밝힌 4천명의 대원 잠입은 자신들의 세력 과시와 공포감 확산을 위해 과장한 것이라 분석했다.

IS와 타 테러 조직들과의 차이점은 세 가지 점에서 두드러진다. 바로 전투력, 조직력, 자금력이다. 알-바그다디는 미군에 체포되어 부카

캠프에서 수감생활을 했는데, 이곳에서 후세인 정권의 이라크 장성 및 장교들과 돈독한 유대관계를 맺었고, 이후 이들을 조직에 끌어들여 조직의 재건에 성공하였다. 이들의 유입으로 이라크 정규군의 전투력과 조직력을 갖추게 되었고, 차후 이라크군·시리아군·쿠르드 페쉬메르가 등 정규군을 상대로 전투를 수행할 능력을 갖추게 되었다.

그리고 IS는 전 세계에서 가장 부자 테러단체로 불릴 정도로 풍부한 자금을 보유하고 있다. 자금의 원천은 원유와 곡물 판매로 얻어지는 수입과 점령지에서의 약탈이다. 이라크, 시리아의 유전지대와 이라크의 곡창지대를 점령함으로써 원유와 곡물 획득이 가능했고 이라크–시리아와 시리아–터키 간의 국경지역을 점령함으로써 원유와 곡물 밀매, 그리고 외국인 전투원들의 유입 통로를 확보한 것이다.

또한 모술 점령 시 중앙은행에서 4억 2천 9백만 달러를 탈취했고, 이 외에도 점령 지역에서 인두세를 비롯한 대중교통 이용료, 통행세, 보호세 등 세금을 걷고 있다. 이렇게 확보된 자금으로 무장대원들에게 복지 혜택을 제공하고, 특히 외국인 전사들에게 추가 수당을 제공하여 외국인 무장대원 모집에 효과적으로 활용하고 있다.

테러와 심리전

IS는 살해 위협, 고문, 이슬람으로의 강제 개종, IS에 충성 맹세를 거

다마스쿠스 거리
-시리아, 2010년

부하는 성직자 처형, 무고한 시민들과 전쟁 포로들의 학살, 이라크 부녀자들에 대한 성 착취, 소수민족이나 종파ㆍ종교인들에 대한 박해를 거침없이 행하고 있다. 2014년 6월 ISIS는 이라크와 샴으로 지역을 확대했고, 알-바그다디 자신을 칼리파로 칭하며 칼리파제 이슬람국가를 선포하였다. ISIS의 칼리파제 선언에 대해 대내외 무슬림 학자들과 지도자들이 이를 비난하고 있지만, 테러 전문가들은 ISIS가 시리아와 이라크의 많은 영토를 점령하고 이슬람국가로 선포함으로써 세계적인 지하드 운동을 주도해 온 알-카에다를 대적할 세력으로의 부상을 과시한 것으로 보고 있다.

IS의 군 지휘 체계는 거의 알려지지 않았다. 아부 무슬림 앗-투르크마니는 이라크군 장성이었고, 아부 알리 알-안바리 또한 이라크군 소장 출신으로 이 두 사람 모두 사담 후세인 정권의 장군들이었다. 사담 후세인 정권 하의 바아쓰당 군ㆍ경 출신들이 이라크전 이후 이라크 정부에서 내쳐지며 이라크 사회에서 배척됐고, 새로 들어선 이라크 시아 정권에서 순니 아랍인들의 사회적 지위가 위축된 것이 이들을 IS로 끌어들인 주요한 요인이다. 알-바그다디가 미군 수용소에 수감되어 있으면서 후세인 정권 하의 군 출신들을 적극적으로 포섭하였고, 출감 이후 이라크 내 교도소들을 습격해 이들을 조직에 흡수함으로써 이라크와 시리아 정부군에 맞설 수 있는 전투 조직 체계를 갖추게 된 것이다.[12]

IS는 기존의 테러단체들과 달리 영토를 확보하고 칼리파제 이슬람 국가를 선포하여 국가 조직 운영을 표방하고 있다. 점령지 내의 기존 업무 종사자들로부터 IS에 대한 충성 맹세를 받고 본연의 업무를 계속 수행하게 했다. 점령지 내에서 군·경 체계를 제외하고 국가에서 국민을 위해 해야 할 모든 사회 서비스 지원을 함으로써 국가 행정 체계를 유지시키고 있는 것이다. ISW(Institute for the Study of War)의 'ISIL 2013년 연간보고서'에 따르면 지휘 명령 체계는 상명하복의 명령 체계로 통일된 강력한 지시와 응집된 지휘 체계이다.[13] 중동포럼(Middle East Forum)의 아이만 자와드 앗-타미미(Aymenn Jawad Al-Tamimi)는 "ISIL은 도시 게릴라 전투에 매우 노련한데 비해 신 이라크 정부군은 전술적 역량도 아주 결여되어 있다"고 밝혔다.[14] IS는 지원자와 지하디스트는 물론이고 조직에 복종하며 조직을 위해 싸울 무장단체들을 강제 흡수하고 점령지에서 강제 징집도 하고 있다.

IS의 무장대원들은 신속한 이동을 위해 총포가 장착된 픽업트럭이나 소형 오토바이와 버스 같은 경차를 활용한 자동차 보병부대를 기초로 하고, 이라크와 시리아 군으로부터 획득한 대포·탱크·장갑차를 사용한다. 이들은 트럭과 자동차 폭탄 테러·자살폭탄·급조폭발물(IED)을 사용해 왔고, 화학무기를 사용한 정황도 드러나고 있다. IS의 테러 전술은 참수를 포함한 집단학살과 강제 구금, 인터넷을 활용한 불순한 선전선동을 통한 심리전이다.

IS 전투원의 상당수는 이라크와 시리아 외부로부터 유입된 외국인 전사이다.[15] IS 고위직에는 수많은 외국인 전투원들이 있다. 이코노미스트(The Economist)지[16]는 이라크에 6천명, 시리아에 3천-5천명의 전투원들이 존재하며, 이중 3천명이 외국인 전투원으로 약 1천여 명이 체첸 출신이고, 500명 이상이 프랑스·영국 등 유럽 출신이라고 보도했다. 체첸 지도자 아부 우마르 앗-시샤니(Abu Omar al-Shishani)는 2013년 시리아의 ISIL 북부지역 사령관이 되었다. 그러나 IS는 이라크나 시리아 순니 아랍인들을 더 선호하고, 지휘관들도 외국인 전투원들을[17] 아랍어권 무슬림들보다 덜 존중하며, 이들의 효용가치가 떨어지면 자살부대로 배치한다는 주장도 제기되었다. UN 보고서에 따르면, 70여 개국에서 1만 5천명 외국인 전사들이 ISIL을 포함해 무장단체에 가입하기 위해 이라크와 시리아로 떠난다고 한다.

IS는 점조직을 통해 광범위하게 외부 지역을 통제한다. ISIL과 관련된 시나이 지역 한 고위급 군 지휘관은 "그들(ISIL)은 우리에게 작전 수행 방식을 가르친다. 그들은 어떻게 5명으로 구성된 비밀 점조직을 만드는지를 인터넷으로 가르쳐주고, 어떻게 보안군을 공격할지, 기발한 방법을 가르쳐준다. 그들은 또 우리에게 폭탄 제조법을 알려주고 장치를 설치한 사람이 도시에서 빠져나오도록 12시간을 기다리게 한다"고 로이터 통신에 밝혔다.[18]

IS 격퇴를 위한 국제연합군의 대 테러전쟁

유엔은 1999년 유엔안보리결의안 1267호를 통해 알-카에다를 테러리스트 단체로 지정했고, 이라크 알-카에다(2004.12.2)를 포함해 알-카에다 분파들을 테러리스트 명단에 등재해 왔다. 유엔, EU, 미국, 영국, 호주, 캐나다, 이스라엘, 터키, 인도네시아, 사우디아라비아는 ISIS를 테러리스트 조직으로 지정했다. 유엔과 국제사면위원회는 심각한 인권 침해 범죄단체로 규정했고, 국제사면위원회는 인종청소의 중요한 증거를 확보한 상태이며, 무슬림들은 IS의 행동 · 권위 · 신학적 해석을 비판해 왔다. 아랍연맹은 2014년 9월 성명을 통해 ISIS가 비록 2014년에 알-카에다에서 분리되었다고는 하나 태생이 알-카에다라고 비판했고, IS와 통합에 반발한 시리아 누스라 전선 잔류 인원들과 안사르 알-이슬람도 IS에 대한 비난과 적대감을 표출하고 있다.

오바마 대통령은 유엔총회 연설(2014.9.25)을 통해 국제사회가 IS 격퇴를 위해 적극 참여해 줄 것을 촉구했다. 2003년 시작된 이라크전을 끝내고 이라크에서의 미군 철수를 약속하며 대통령에 당선됐던 오바마 대통령이 중동지역은 물론 전 세계의 막강한 세력으로 부상하고 있는 IS를 격퇴시키기 위해 새로운 중동전쟁을 시작한 것이다. 미국은 현재까지 약 685백만 달러의 장비를 이라크군에 지원했고 1600여 명의 미군이 비전투 병력으로 파견되어 활동 중이다. 또한 오바마 대통령은 미군 1천 5백여 명의 추가 파병을 결정했고(11.7), 56억 달러의 예산안 승인도 요청했다.

IS 격퇴를 위해 이라크와 시리아에서 진행 중인 미군 주도의 국제연합작전에 참여한 국가로는 EU와 나토 회원국들을 주축으로 일부 아랍국가(바레인, 아랍에미리트, 요르단, 카타르, 사우디아라비아), 호주를 비롯해 60여 개국에 이른다.

미국을 중심으로 IS 격퇴를 위한 국제사회의 연합이 활발하게 이루어지고 있으나 적에 대한 정보는 많이 부족해 보인다. IS의 위협에 대한 저평가와 안이한 대처가 지금의 막강한 IS를 초래했다는 비판의 목소리도 있다. 이런 분위기 속에서 미국은 또 다른 이라크전의 늪에 빠지지 않기 위해 노력하고 있다. 미국은 주도적으로 국제연합전선을 구축해 IS에 대적하고 있다. 이는 9·11 이후 대테러전 수행에서 미국의 일방주의가 빚어낸 불협화음을 차단하고, 국제사회와 공조함으로써 명분과 실리를 얻기 위해서일 것이다. 사우디아라비아를 포함한 일부 무슬림국가들이 같은 무슬림에 대한 공격이라는 비난을 피하기 위해 적극 나서지 않는 점도 있지만 아랍국가들의 참여 그 자체가 갖는 의미도 크다고 할 수 있다.

미군을 포함한 국제연합전선 참여국들은 비전투 임무만을 수행하고 있다. 앞으로 전투 병력을 투입할 가능성도 꾸준히 조심스럽게 제기되고 있기는 하나, 현재까지는 현지 온건 무장단체나 군대를 통해

IS를 격퇴하는 전략을 구사하고 있다. 이라크에서는 이라크 정부군, 쿠르드 자치정부(KRG)의 페쉬메르가, 온건 시아 무장단체 및 반IS 성향의 순니 아랍부족들에게 무기 지원 및 군사훈련, 공중 폭격 지원을 통해 지상전을 측면 지원하고 있다. 또한 시리아에서도 온건 반군과 쿠르드 무장단체를 적극 지원하고 있다. 그 밖에도 IS를 국제사회로부터 고립시키려 전력을 기울이고 있다. 이를 위해서는 IS로 유입되는 자금과 외국인 전투원 차단이 우선적 과제이다. 유엔 안보리에서 외국인 테러 전투원이 IS에 가담하지 못하도록 강제하는 결의안이 통과되었고, IS의 자금줄이 되고 있는 오일머니와 곡물 밀매 자금 차단을 위해 적극 나서고 있다.

국제사회의 이러한 노력에도 불구하고 그 효과는 아직 미미한 것이 현실이다. IS는 미국 주도의 국제연합전선에 충격적인 방법으로 맞서고 있다. 미국을 위시해 국제연합전선에 참여한 국가와 국민들에 대한 무차별적 공격이 그것이다. IS는 지금까지 인질로 잡고 있던 미국인 기자 2명과 구호 활동가 1명, 영국인 구호 활동가 2명 등 5명을 참수하였다. 또 IS 공습에 나섰다가 추락해 생포됐던 요르단 공군 대위를 산 채로 분살에 처하고 그 동영상을 인터넷에 올리는 등의 잔혹함을 보이고 있다. 미국과 유럽인뿐만 아니라 같은 아랍 순니일지라도 자신들에게 동조하지 않는 부족들을 집단으로 학살하는 만행도 서슴지 않고 있다. 이들은 이러한 잔인성과 공포라는 극단적인 방법을 통해 자신들의 불굴의 저항 의지를 표현함으로써 전 세계 무슬림 극단주의 세력들의 유입 및 이들과의 연대 강화를 추구하고 있다. 실제로 이들의 이러한 심리전은 어느 정도 성과도 거두고 있다. 이라크와 시리아 이외 지역의 과격 테러단체들이 IS에 충성 맹세를 하고 알-바그다디의 칼리파제 이슬람국가 건설에 적극 참여하겠다는 의지를 표명하고 있다. 그러나 이들의 과격함과 잔인함으로 인해 이라크 시아 정권에 반발하고 있는 순니 아랍 무슬림뿐 아니라 국제사회에서 미국의 일방주의와 패권주의에 맞서 반대의 목소리를 높이던 러시아 등도 IS 타도를 위한 국제연합전선에 나서게 하는 계기가 되기도 하였다.

IS의 주요 전투 지역인 이라크와 시리아의 상황은 간단치 않다. 이라크 총선 이후 등장한 신 정부가 부패와 권력 유지를 위한 부정 행위들의 부정적 영향 속에서 아직도 국가다운 모습을 보여주지 못함으로써 이라크 사회의 혼란이 가중되고 있다. 시리아는 2011년부터 시작된 내전으로 인해 국민들의 생활이 피폐해졌고, 정부군과 반군 간의 무력 충돌과 혼란기를 틈탄 극단주의자들과 테러리스트들의 확산으로 국민들은 국가의 보호를 받지 못하고 있다. 이라크와 시리아의 상황 악화로 수많은 국민들은 폭력이 난무하는 무질서한 상황으로 내몰리고, 이로 인해 주변국들의 정세 불안은 물론 세계 안보 질서까지도 위협받고 있다.

미국은 IS를 퇴치하기 위해 이라크 공습(2014.8.8)에 나섰고 이어 시리아 내 IS를 공습했다(2014.9.23). 이라크에서 미군이 완전 철군한 후 5년 만에 다시 이라크 공습에 나선 것이다. 2011년 시리아 내전이 악화 일로를 걸으며 수많은 인명이 살상되고 난민이 발생했음에도 불구하고 시리아에 개입하지 않던 미국이었기에 그 심각성의 정도를 알 수 있게 한다. 미군 주도의 국제연합전선이 이라크와 시리아 내 IS 공습을 시작하면 곧 사태가 해결될 것이란 기대와는 달리, 절대적인 화력의 우세에도 불구하고 지상전 없는 공습의 한계를 드러냈고, IS의 도를 더해 가는 잔혹성에 전 세계는 충격에 휩싸였다. 오사마 빈 라덴의 제거와 알-카에다 조직 와해로 테러와의 전쟁이 끝날 것이란 기대는 무참히 깨졌고, 오히려 알-카에다가 온건한 테러단체로 착각될 정도로 IS는 기존 테러의 틀을 벗어난 새로운 형태의 테러리즘을 표출하고 있다.

오바마 미 대통령의 IS 격퇴 전략 발표(2014.9 · 11)와 미 상원 외교위에서 미 대통령의 대 IS 전쟁선포 승인(2014.12.12) 등 일련의 움직임들은 전임 부시 대통령의 대 테러전으로 시작된 아프가니스탄 전쟁과 이라크전을 끝내려던 미국의 대외정책 변화를 초래했다. 오바마 미 대통령의 아시아로의 귀환(Pivot to Asia)이 힘이 빠지고 미국은 다시 중동으로 귀환하게 되었다.

국제연합군의 IS 공습 및 이라크 정부군과 쿠르드 자치정부의 페쉬

메르가, 시리아 온건 반군의 군사적 지원 활동은 아직도 뚜렷한 전세 역전 기미를 보이고 있지 않다. 2015년 3월 11일 오전, 버락 오바마 미 대통령이 IS 격퇴전을 위해 의회에 제출한 무력사용권(AUMF)을 놓고 열린 미 상원 외교위원회 청문회에서 미 외교안보팀의 핵심 3인인 존 케리 국무장관, 애슈턴 카터 국방장관, 마틴 뎀프시 합참의장의 발언에서 보듯이 비록 지상군을 투입하더라도 IS 격퇴전이 쉽게 끝나지 않고 장기전으로 갈 수 있다[19]는 어두운 전망 일색이었다.

미국 주도로 이루어지고 있는 국제연합전선의 활약은 IS의 확장을 막고 세력을 약화시킬 수는 있다. 그러나 IS와 같은 극단적인 이슬람주의 세력이 발 붙일 수 없도록 근본적인 원인을 제거하기란 사실상 어려워 보인다. IS의 쇠퇴는 또 다른 IS 또는 제2, 제3의 알-카에다를 양산할 수 있기 때문이다. 결론적으로 IS를 패퇴시키고 이 지역에 안정을 정착시키기 위해서는 순니와 시아의 갈등, 중앙정부와 쿠르드의 갈등 같은 종파와 정파, 부족과 민족 간의 갈등 등 잠재적 불안 요인의 감소와 이를 위한 국민의 대 화합, 다양하고 복잡한 이 지역 정세와 국민정서를 올바른 길로 인도할 수 있는 강력한 정치 리더십 복원이 선행되어야 할 것이다. 이런 점에서 보면 사실상 당분간 이 지역의 안정은 어려워 보인다.

2부 | IS의 시각과 문화

폐허가 된 코바니
시리아 코바니 지역에서 이곳 거주 쿠르드족과 IS 간의 교전으로 인해 도시가 완전히 폐허가 되었다.

〈출처·연합뉴스〉

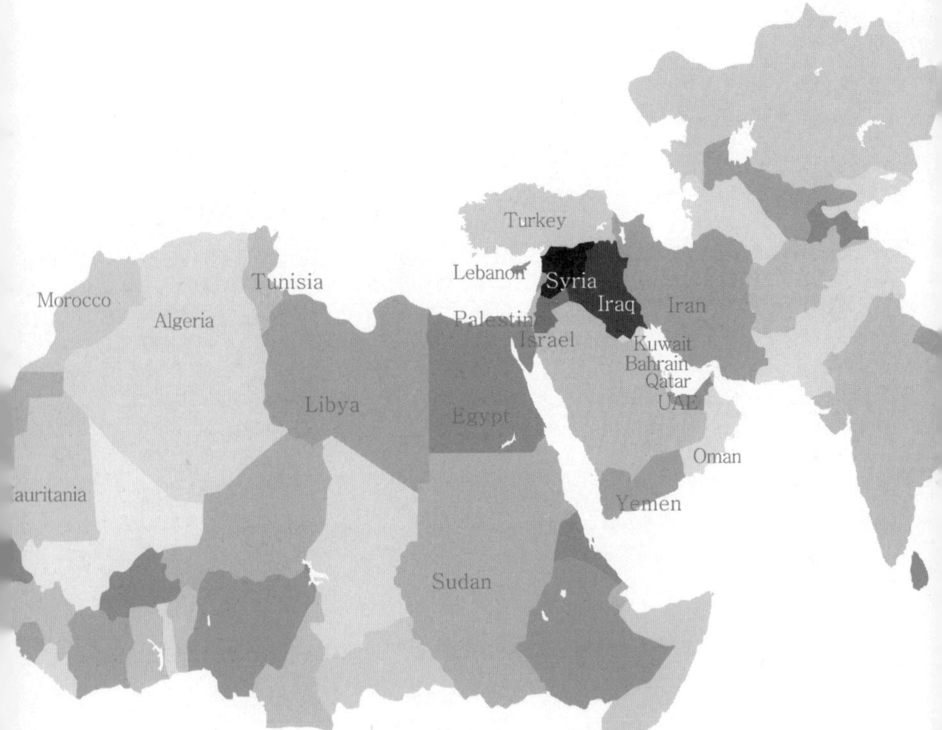
Turkey
Lebanon
Syria
Tunisia
Morocco
Algeria
Iraq
Iran
Palestine
Israel
Kuwait
Bahrain
Qatar
UAE
Libya
Egypt
Oman
Mauritania
Yemen
Sudan

IS와 여성

오은경_ 동덕여자대학교 교양교직학부 교수

IS의 하트라 고대 유적 파괴

IS가 이라크 고대 유적 하트라를 파괴하는 모습을 담은 영상을 공개했다. IS가 공개한 영상은 한 대원이 사다리 위에 올라가 하트라 유적지의 벽면에 설치된 부조를 망치로 때려 산산조각 내는 모습을 담고 있다. 또 조각상을 향해 한 대원이 칼라슈니코프 소총을 쏘는 모습, 여러 사람이 벽면 부조의 바닥을 찍어내는 장면 등이 담겼다.

〈출처:연합뉴스〉

앗슈르 지구라트(이라크)
지구라트는 기원전 2200-500년경의 메소포타미아(현재의 이라크)에 있는 주요 도시의 특성을 나타내는 피라미드 형태의 계단식 신전탑이다. 지금까지 약 25개의 지구라트가 발견되었으며, 기원전 14세기 중엽 앗슈르가 아시리아의 수도가 되면서 건축되었다.

인간은 스스로 만들어 낸 이데올로기를 위해서 온갖 폭력과 분쟁, 전쟁 등을 지속하여 왔다. 최근 등장한 IS[1]는 그 점에서 극단적인 행태를 보여주고 있다. 때문에 이제 전 세계는 시간과 장소의 제한이 없는 전쟁과 폭력에 노출되고 말았다. 한국도 더 이상 IS로부터의 안전지대는 아니다. 미국의 영원한 우방국인 한국이 IS의 표적이 될 것은 분명하기 때문이다.

한국 사회 내부가 품어 주지 못한 균열은 누수가 되어 흐르고 있다. 끊임없는 경쟁과 엘리트주의를 지향하는 한국 사회의 모순은 김군의 사례로 여실히 드러났다. 김군은 완전성만을 지향하며 정신없이 서로를 몰아붙이는데 몰두했던 한국 사회의 폭력성이 낳은 결과물이다. "나는 페미니스트가 싫다, 그래서 IS가 좋다"고 남긴 김군의 메시지는 매우 의미심장하고 가슴을 아프게 한다. 학교에서 왕따를 당하고, 존재를 부정당하고, 남성성을 상실한 십대 소년에게 게임이나 영화에서나 보던 방식대로 총을 사용하며 남성성을 과시하는 IS 전사가 얼마나 멋지고 신나는 세계처럼 여겨졌을까! 신가부장제 폭력의 피해자는 여성만이 아니다. 남성에게 부여된 과도한 책임감과 의무는 남성성을 과시해야 한다는 중압감을 부여한다. 남성은 자신의 남성성을 의심받을까 봐 도움이 필요해도 요청하지 못하는 경우가 대부분이다. 우리 사회 남성의 높은 자살률 또한 이를 반증한다. 이 또한 가부장제의 폭력이다. 남성도 역시 피해자인 것이다.

테러와의 전쟁이 국제정세를 문명 충돌과 갈등으로 첨예하게 몰아가던 2010년 전후, 중동 국가에서는 아랍의 봄이 시작되었고, 분쟁과 내전을 거듭하면서 정권 교체, 세속주의자와 이슬람주의자 간의 내전, 시아파와 순니파의 갈등 등을 둘러싼 혼란이 이어졌다. 특히 시리아 내전을 틈타 IS가 출현했다. 일부에서는 IS를 통해 제3차 세계대전이 시작되었다고 보고 있을 정도로 IS는 국제적으로 큰 문제가 되고 있으며 우리의 존재를 위협하고 있다.

이라크의 급진 순니파 무장단체로부터 출발하여 세력을 키워 온 IS는 미국인 종군기자를 참수한 것을 시작으로 영국인 구호 활동가들과 미국인을 참수하고, 분살이라는 좀 더 극단적인 방식으로 인질을 참수하면서 공포 전략을 구사·강화하고 있다.

그런데 테러와 전쟁을 일삼는 IS가 여성에게는 어떠한 영향을 미치는지, 안타깝게도 여기에 대해 관심을 갖는 사람은 많지 않다. IS가 그들이 지향하는 이상적인 국가, 이슬람국가 건설을 위해 성전(지하드)을 벌이고 있을 때, 그 안팎에서 여성은 어떻게 살고 있는 것일까?

IS의 여성 선언문

최근 IS는 여성의 역할과 행동 규범, 그리고 금기사항을 담은 1만 자 분량의 선언문을 공개했다. 〈IS의 여성들: 선언과 사례연구〉라는 제목의 선언문은 IS의 여성 부대 알-칸사 여단이 2015년 2월 아랍어로 펴냈다. 이 선언문은 곧바로 영국의 반 극단주의 싱크탱크 퀄리엄재단에 의해 영어로 번역됐다. 가장 핵심적인 내용은 다음과 같다:

> 9세가 되면 합법적으로 결혼할 수 있다. 교육은 15세까지만 받는다. 미용실과 옷가게는 악마의 작품이다. 일하러 나가면 타락한 사고방식에 물든다. 집에 머물러라. 여자의 존재 이유는 후대를 생산하고 양육하는 데 있다.[2]

IS는 전적으로 이슬람 율법에 의거해서 여성들의 역할과 행동 규범을 정하고, 이것으로 여성의 삶을 통제하겠다고 했다. 과연 IS의 여성지침서는 이슬람의 율법을 준수하는 것일까.

이슬람의 여성관을 이해하기 위해 꾸란에 나타나는 여성관을 들여다보면 크게 세 가지로 요약된다. 남녀동격관(男女同格觀), 남녀유별관(男女有別觀), 여성보호관(女性保護觀)이 그것이다.[3]

우선 남녀동격관은 이슬람에서 기본적으로 인격적 차원에서 남녀가 평등하다고 보는 것이다. 그것은 남녀의 공동 창조를 믿는 것에서 알 수 있다. 이슬람의 꾸란은 기독교의 구약성서와 내용이 별반 다르지 않다. 그러나 명백한 차이점은 남녀의 공동 창조를 주장한다는 것이다. 남녀는 알라 앞에서 동등한 인격체로서, 신앙에 충실하다면 성차와 무관하게 보상을 받을 수 있다.

남녀유별관(男女有別觀)은 남성과 여성이 평등하지만 생물학적인 차이로 인해 사회문화적으로 다른 삶을 살 수밖에 없음을 인정하는 것이다. 따라서 남녀 성차를 인정해야 한다고 보며, 이것을 '타프리카(Tafriquh)'라고 한다.

여성보호관(女性保護觀)은 여성은 남성과는 다르기 때문에 이러한 차이로 인해서 보호받아야 한다는 주장이다. 이슬람에서의 여성 보호는 남성과 사회로부터 보호와 부양을 받는 것이고, 나아가 여성으로 인해 발생할 수 있는 성적 문란과 패륜으로부터 사회를 보호하는 것이다. 우선 이슬람에서는 여성이 육체적으로 연약하고 사회 활동의 제약을 받으므로 남성과 사회가 보호해야만 한다고 주장한다. 그 대표적인 예가 바로 일부사처제다. 그리고 이슬람 여성의 지위를 논하는 데 가장 논란거리가 되는 히잡 착용도 이러한 관점을 배경으로 한다. 히잡은 격리, 차단 등의 뜻을 내포하는 용어지만, 히잡 착용은 본래 여성과 사회를 동시에 보호한다는 취지에서 비롯된 것이다.[4]

여성보호관의 골자는 여성들이 성적 자극을 촉발할 수 있는 행동이나 꾸밈새를 삼감으로써 여성 자신의 정숙함을 고수하고, 건전한 사회 질서를 이루자는 것이다. 이슬람이 여성을 알라의 형상인 남성을 파괴한 원죄를 가진 것으로 간주하지 않고, 기독교에서처럼 이브가 아담을 유혹하여 신의를 저버리도록 하였다고 보지 않는다고 하였음에도 불구하고, 궁극적으로는 여성의 몸을 유혹자로 규정하고 있기 때문이다. 여성은 남성에게 언제나 유혹자이며, 남성의 성적 타락을 조장할 수 있는 존재이므로 잠재적 악이라는 시각으로 여성을 보고 있는 것이다.

이슬람이 태동한 것은 7세기이다. 모든 종교는 인간을 보호하고, 인간에게 해를 가하고자 만들어진 것이 아니라는 믿음에 의거한다면, 이슬람도 여성을 보호하기 위한 취지에 입각해서 종교적 의무와 율법을 제도화했음은 의심할 여지가 없다. 여성 보호, 격리, 일부다처제 모두 당시 7세기에 중동지방의 현실과 정치적 · 경제적 · 사회적 콘텍스트를 반영한 결과물이다. 그런데 21세기를 살고 있는 현재 IS가 발표한 여성 선언문은 다분히 시대착오적이며, 화석화된 경전 그 자체를 적용하려고 하여 문제가 된다. 과거 아프가니스탄의 탈레반 정권이나 이란 그리고 사우디아라비아에서 여성에게 히잡을 강요하고 여성의 공간을 집안으로만 규정했던 수준보다 한층 더 규제가 심각한 상황이다. 선언문에 따르면 '여자들을 망치는 서구식 생활은 절대 금지하며, 집 밖에서 일하는 여자는 종교를 멀리 하고, 타락한 사고방식과 부적절한 믿음에 빠지게 되므로 집 안에만 있도록 한다. 옷가게와 미용실에 만연한 도시화·현대화·패션 등의 풍조는 악마의 작품이다'라는 것이 주요 내용이다.

선언문은 여성이 절대적으로 니깝(niqab)을 포함해 히잡을 착용해야 하고, 절대적으로 집 안에만 머무를 것을 강조했다. 그러나 이슬람 성전인 지하드에 참여할 남자가 없어 여자가 나서야 할 때, 종교 교리 공부를 할 때, 혹은 여자가 의사 또는 교사인 경우에만 예외적으로 집 밖에서 활동할 수 있다고 규정했다. 결국 무슬림 여성의 근본적 역할은 엄마이자 주부라는 게 선언문의 요지이다. 영국 싱크탱크 전략대화연구소(ISD)에 따르면 지하디스트와 결혼하기 위해 이라크와 시리아에 입국한 서구 여성은 2015년 2월까지 550여 명에 달하는 것으로 추정된다고 한다. 서구의 젊은 여성들을 자극하고 IS로 유인했던 것은 서구 민주주의가 구체화할 수 없는 이상적 이슬람국가를 이룰 수 있다는 대의명분과 이에 동참하고자 하는 의협심이었을 것이다. 집안으로 격리된 채 성노예와 출산 기계가 되기 위해 동참한 것은 아니었을 것이다. 불행하게도 서구 여성 전사들은 IS에 의해 성노예와 출산과 양육 기계로 전락하고 말았다.

이렇듯 IS에서 여성의 공간을 집 안으로만 규정하고, 여성의 기능을 후속 세대를 재생산하는 것으로만 한정하며, 이를 위해 여성에게서 교육의 기회를 박탈하고 가사와 종교 교육만 고집한다면 이것은

거리를 걷고 있는 여성
-시리아, 2010년

과연 누구를 위한 국가이며, 무엇을 위한 것인가? 여기에는 명백히 대의명분과 이슬람 율법을 가장한 이데올로기적 폭력이 숨어 있다.

IS는 이슬람 교리에 따라 이라크 북부 점령지인 모술에서 미술·음악 과목을 없애고 역사·문학·기독교 수업도 영구히 폐지하는 등 번듯하게 국가로서 기능하면서 교육을 주도하고 있다. 7-9세 소녀들은 종교와 이슬람 법학(피끄흐), 아랍어 읽기와 쓰기, 기초과학(계산과 자연과학) 교육을 받는다. 10-12세가 되면 종교 교육이 강화되고, 음식과 의복 만들기 등 가사 교육이 추가된다. 13-15세는 이슬람 율법(샤리아) 교육에 집중하면서 이슬람의 역사, 선지자 무함마드의 삶 등을 배운다. 이때부터 양육법을 가르치고, 과학 교육의 비중은 점차 줄어든다. 15세에 도달하면 더 이상 교육을 받을 수 없다.[5] 그때부터는 그야말로 재생산과 양육을 담당하는 IS의 이슬람 여성으로 살아가는 것이다.

여성에게 공적인 기능을 부여하지 않고 집이라는 사적 공간에만 가두어 놓을 때, 여성들은 생산·재생산에서 핵심적 역할을 하면서도 무보수 가사노동과 저임금의 산업예비군으로 종속적인 위치에 머물러야 하는 모순을 안게 된다. 결과적으로 여성은 그야말로 남성에게만 의지하여 종속된 삶을 살아야 하며, 주체적인 삶을 살거나 경제적 독립의 가능성을 완전히 차단당한다.

한편, 여성의 역할을 엄마이자 주부라는 것으로 축소하는 것은 여성을 개인이라고 보는 시각에서 출발한다. 자궁으로만 축소된 여성의 모성은 출구 없는 막다른 길로 내몰리는 것을 의미한다.

현대 사회는 과학기술의 발전으로 인해 성과 임신이 분리되었다. 더불어 이에 근거한 조형적 성(plastic sexuality)이 주도적 위치를 차지하게 되었다. 조형적 성이란 사랑과 성이 결혼제도 안에서만 연결되던 것이 서로의 친밀함에 대한 믿음 안에서 가능하게 된 것을 의미한다. 또한 아이 낳는 것과 무관한 성을 의미한다.[6] 따라서 결혼의 의미 또한 많은 변화를 겪게 되었다. 결혼을 전제로 하지 않는 성이 가능해졌으며, 재생산을 목적으로 하지 않는 성이 보편화되었다. 결혼제도 안에 친밀함이 존재했던 과거에 비해, 이제는 친밀한 관계 속에 부분적으로 결혼제도가 포함되는 구조로 나아가게 되었다. 가족의 구성도 혈연이나 법적 가족보다는 친밀함을 기반으로 한 가족의 형태가 중시되기에 이르렀다. 여성의 역할을 자궁으로만 환원시키는 재생산과 양육의 논리는 가족의 재생산을 여성의 자궁으로만 환원시키며 여성을 도구화하는 다분히 시대착오적이며 삶의 변화를 무시한 처사이다.

IS의 젠더화된 국가 성 정치는 폭력의 최극단

섹슈얼리티의 틀과 방향과 표현은 여성과 남성이라는 두 개의 생물학적 성으로 체계화된다. 그런데 성별은 차이가 아니라 지배의 문제로 드러난다. 질라 아이젠스타인(Zillah Eisenstein)도 가부장제는 성역할에 기초한 남성 권력에 의존하고 있다고 지적한 바 있다.[7]

국가는 확대된 가족으로 받아들여진다. 그 질서는 자연의 질서이며, 우주론적 정당성을 가지고 있다고 받아들여지게 되었다. 그런데 가부장적 가치관에 의해 작동되는 제도화된 국가가 문제이다. 가부장적 가치관은 생물학적 여성과 생물학적 남성을 다르게 범주화하고 본질화한다. 각각의 본질화된 범주에 각각 다른 역할과 규범을 부과하며 사회 안에서 다르게 배치한다. 이 안에서 여성/남성은 다양한 재능과 기질과 적성을 갖는 개인이란 사실이 은폐되고, 여성은 오직 남성의 성적 쾌락의 대상으로, 출산하는 몸으로, 보살피는 어머니로 환원된다. 젠더화된 국가란 성별화된 성 정치와 맞물려 있으며, 성차별적 효과를 발휘한다. 젠더화된 국가는 모든 개인을 노동하도록 하지만, 취업 시장에서는 여성의 접근을 제한한다.

여성이 경제적으로 독립할 가능성을 차단하는 젠더화된 국가는 남편과 국가로부터 생계를 보장받지 못한 여성이 아이와 동반 자살을 하거나 성매매로 생계를 유지해도 이것을 가부장적 사회의 문제라고 인식하지 못한다. 근본적으로 여성이 안게 되는 본질적 문제를 비정한 모정이나 부도덕으로 몰아부친다. IS는 젠더화된 국가의 최극단을 보여주는 사례이다. 이슬람 원리주의자들이 집권한 몇몇 나라에서 이슬람 근본 원리를 일상생활에서 지켜야 한다는 믿음 아래 여성들에게 강제적으로 삶의 방식을 제한하고 통제한 경우, 여성들의 삶은 형편없이 추락했고 그 출구를 찾지 못했다.

이슬람 원리의 강제적 적용은 여지없이 베일 착용을 강제로 의무화한 것에서 시작되었다. 이것이 이슬람의 남녀유별관과 보호관 때문에 시행되기 시작했다고 해도 결과적으로는 가부장적 신념과 막강한 독재 체제를 등에 업고 여성에 대한 공권력의 남용이자 명백한 인권 침해적 요소가 되고 말았다. 물론 이슬람 페미니스트 가운데에는 꾸란을 재해석하여 여성의 삶을 재구성하려 시도하는 등 이슬람 원리주의의 움직임과 궤를 같이 하는 세력도 있다. 이렇듯 꾸란에 입각해 여성들의 삶을 개선하려는 시도처럼 이슬람 원리주의가 여성의 권익 신장에 긍정적인 역할을 할 수도 있을 것이다. 하지만 현실적으로는 원리주의를 실천하는 과정에서 여성 인권이 유린되어 온 측면이 더 많은 게 사실이다.

현재 사우디아라비아에서 그러하고 과거 탈레반 정권이 그러했듯, IS도 남성을 동반하지 않으면 여성이 집 밖으로 외출을 할 수가 없도록 통제하고 있다. 그 체제하에서 여성은 학교는 15세까지만 다닐 수 있고, 병원 등의 공공시설도 제대로 이용할 수 없다. 상황이 이러하다면 분명히 히잡을 착용하지 않거나 기타 여성의 섹슈얼리티를 둘러싼 문제를 핑계 삼아 명예살인을 당해야만 하는 여성 희생자가 생겨나는 것도 명백한 현실이 될 것이다.

원리주의에 대한 편집증적 집착과 가부장적 권력의 폭력성이 빚어
낸 만행은 이란에서도 볼 수 있다. 히잡 착용의 강제적 의무화 자체가
문제라기보다는 이를 실행하도록 만든 의식 구조가 문제이다. 여성
의 공간을 집안으로만 규정하고 공적 영역에로의 진출을 제한할 경
우, 여성에게는 남성에게 종속된 성적 노예가 되는 것 이외의 다른 출
구가 없다. 이슬람 혁명 이후 베일과 집안에 갇혀 지내야 했던 이란
여성들은 공적 영역에서 활동을 보장받을 수 없었기 때문에 대부분
이 직업을 잃었다. 여성들이 집 밖에서 자유롭게 생활하지 못하니, 남
편이나 아버지가 없는 여성은 생계를 이어갈 수단이 막막하기만 했
다. 여성들은 차도르를 쓰고 거리로 나가 성매매를 구걸하거나, 자신
을 보호해 주고 생계를 책임져 줄 남성을 찾아야만 했다. 이렇게 해서
생긴 제도가 시게(sigheh)다. 시게는 이슬람 종교지도자인 이맘을 찾아
가 혼인서약을 함으로써 부부가 되는 일종의 계약결혼제도다. 혼인
서약을 하면서 혼인 계약과 더불어 기간을 정할 수 있다. 계약 기간은
6개월이 될 수도 있고 1년이 될 수도 있고 심지어는 단 하루가 될 수
도 있다. 일부다처제와 법률이 인정하는 혼인이 아닌 종교서약만으
로 혼인서약을 치름으로써 남성은 여성으로부터 성적인 만족을 취할
수 있다. 대신 여성은 경제적 문제를 해결할 수 있고 생계를 보장받을
수 있다. 이것은 이란 사회가 여성에게 직업이라는 공적 영역을 보장
하지 않았기 때문에 생겨난 혼인 풍습이다. 여성은 결혼제도를 빙자

해 돈을 주고 생계를 보장해 주는 남성과 생존을 위하여 계약을 체결함으로써 또 다른 방식으로 성매매를 하도록 내몰리게 된 것이다.

위의 사례에서 알 수 있듯이 여성에게 히잡을 쓰도록 하는 것 자체가 문제가 아니라, 여성의 격리와 사적 공간을 고수하는 여성관과 율법의 화석화된 강제적 적용 자체가 문제인 것이다. 이슬람 율법이 여성의 삶과 현실을 전혀 고려하지 못한다면, 결과적으로 모든 고통은 여성들의 몫이 된다. 다시 말하면, 이슬람 사회에서 여성 인권문제의 핵심은 원리주의 자체가 아니라 가부장 권력의 독재적 성격 때문인 것으로 보인다. 사실 이슬람 원리주의는 가부장제와 분리시켜 생각할 수가 없다. 이슬람교가 성립된 시기가 이미 철두철미한 가부장제가 완성된 시기였고, 이슬람교는 사막 유목민의 그러한 가부장 문화를 기반으로 한 것이다. 이렇듯 이슬람교 자체가 남성 중심의 가부장 문화를 배경으로 성립되었으니, 이슬람 원리주의를 실현하는 과정에서 여성이 주변으로 내몰리는 것은 당연한 결과일지도 모른다. 무엇보다도 7세기의 상황에 맞추어 제도화된 이슬람의 법규범은 여성을 보호할 수 있었을지도 모르지만, 1,500여 년이 지난 오늘날 화석화된 문구를 그대로 적용한다는 것 자체가 상당한 무리가 따르는 것도 사실이다. 더구나 IS 핵심 간부들은 이슬람 경전을 한번도 공부해 본 적이 없는 사람들이라는 것이 무슬림 지식인들의 주장이다.

IS는 이상적인 이슬람국가라는 명분을 내세워 환상을 유포하여 젊

음료수를 마시며 이야기를 하는 여학생들
-시리아, 2010년

은이들을 유혹하고 IS 전사들을 끌어 모으고 있다. 필리핀 대통령 아로요는 2001년 10월 29일 테러리즘이 가장 잘 번식하는 토양은 가난이라고 언급한 바 있다. 메리 칼도르(Mary Kaldor) 역시 『국가』에서 전쟁이 발생하는 많은 지역에서 극단적인 방식으로 신병을 모집하는 경우 문자 그대로 교육받지 못한 젊은이들이 취업할 수 있는 유일한 기회라고 지적하였다. 서구 여성들 중에서는 IS 대원과의 결혼을 목적으로 IS에 합류하는 여성들이 생겨나고 있으며, 결혼 중매 업체가 생겨나고, 심지어는 현지 여성들과 강제로 결혼하는 IS 대원들도 생겨나고 있다. 그런데 문제는 말이 결혼이지 결혼을 빙자한 성폭력이 공공연히 자행되고 있다는 것이다. 심지어 최근 IS는 여성을 성노예로 삼는 것은 이슬람 율법에 의한 것이라는 억측까지 주장하고 있어 심각한 문제가 되고 있다. 『다비끄』라는 IS 간행물을 통해 이교도를 노예로 삼고, 이교도 여성을 첩으로 삼는 것은 샤리아에 의거한 당연한 것이라고 율법을 해석했다. 더불어 소수민족 여성을 인질로 잡거나 인신매매해 성노예로 만들기도 한다.

이렇듯 여성에 대한 남성의 폭력을 가능하게 하는 전쟁이 국가 건설, 나아가 이상적인 이슬람국가 건설이라는 명분으로 벌어진다는 것은 아이러니가 아닐 수 없다. 국가와 민족이라는 상상적 허구가 학살, 인신매매, 아동 폭력, 강간과 같은 폭력을 정당화해 준다면 그 국가는 누구를 위한 것인가.

가부장적 가족의 정점에 있는 남성들의 여성 폭행, 그리고 남성이 대변하는 국가와 조직 내의 여성 폭행은 가족의 이름으로 또는 가족의 유지라는 명분으로 행해진다. 국가주의는 전쟁이 없는 시기에 가족 이데올로기로 전환된다. 여성과 사회적 약자에 대한 일상적인 차별과 폭력은 전쟁을 전제로 하는 군사주의, 민족주의, 국가주의의 산물이다. 선언문은 "여성은 언제나 감춰지고, 가려진 채로 남는 것이 바람직하다"면서 장막 뒤에서 사회를 관조할 것을 권고했다. 그런데 감춰지고 가려진 채 여성에게 어떤 폭력이 행해지고 있는지는 아무도 알 수 없다. 전쟁이 아니라고 해서 여성에게 평화라고 말할 수 없는 이유도 여기에 있다. 수많은 가정 폭력이 가족과 개인적인 문제로 치부되거나, 명예살인이 개인적인 것으로 가볍게 다루어지는 것이 그 예라고 할 수 있다.

　IS는 전쟁과 테러를 기반으로 하며, 전쟁과 테러는 군사주의를 기반으로 한다. 전쟁, 테러, 군사주의 모두 필연적으로 여성 통제를 수반하지 않을 수 없기에 IS의 여성 통제는 더욱 더 강력하다. IS는 남성성과 여성성을 끊임없이 이분화하고 여성에게 젠더화된 역할을 수행하도록 강요하면서 성별 위계질서를 강화한다. 당연히 화석화된 이슬람 율법을 극단적인 방식으로 젠더 위계질서에 적용할 수밖에 없다. 여성은 젠더화된 역할을 폭력적으로 강요받는다. 전쟁, 테러, 군사주의는 여성을 주로 성적 대상물로 파악한다. 전쟁은 여성에 대한 직접적 폭력을 행사하는 가장 적나라한 형태이기도 하다. 위안부, 민족 말살적 강간 등의 형태로 여성에 대한 성폭력이 발생할 수 있기 때문이다. 뿐만 아니라 군대의 근간이 되는 남성성을 보호하고 유지하기 위해 아무렇지도 않게 여성을 동원하기도 한다. IS가 아직 어린 아이에 불과한 9세 소녀들을 강제 결혼시킬 뿐만 아니라, 15세까지는 모두 남편이 있어야 한다며 결혼을 강요하는 것은 IS 전사들을 위해 여성들을 위안부로 동원하는 전략일 뿐이다. 전쟁을 위해 아동폭력과 성폭력, 성노예제도마저 결혼으로 위장하고 미화시키니 여성이 처한 현실이 얼마나 폭력적인지 짐작할 수 있는 일이다. 꾸란 그 어디에도 나이 어린 여성을 강제 결혼시켜야 한다는 조항은 없다.

더불어 군사주의는 여성에 대한 여러 제도적 폭력을 기반으로 한다. 여성을 군대 조직에서 배제시키는 것도 폭력의 시작일 수 있다고 보아야 한다. 남성은 군대를 남성성을 강화시키는 조직으로 유지시키려 하기에, 당연히 여성을 배제한다. 설사 군대에서 여성의 존재를 인정한다 하더라도 여성은 주변적이거나 하위적 역할만 수행할 수 있다. 수많은 서구 여성들이 이데올로기와 환상적 명분에 현혹되어 IS 전사가 되기 위해 IS에 합류했지만, IS 남성대원들과 결혼하는 것 이외에 다른 역할을 할 수 없도록 철저하게 배제당하는 것도 바로 이러한 이유에서이다.

IS의 남성들은 전사가 되어 무엇보다 완전한 시민권을 향유한다.

시민권 개념은 IS 전사(남성 전사 the man warrior) 모델을 통해 젠더화되었다. 당연히 여성은 시민권에서 제외된다. 이데올로기적 폭력은 사회 질서를 유지하는 것에 대한 무의식적이고 자발적인 동의 과정을 마련하며, 이는 IS 권역 내의 학교 교육과 언론 매체 등을 통해 확산된다. 이데올로기는 폭력에 정당성을 부여하며 그것을 지속·강화시킨다. 이 폭력은 주로 국가 안보와 민족주의 담론을 통해서 기존 질서, 특히 가부장적인 군사 질서를 옹호한다.[8] IS는 이슬람 율법과 가부장적 군사주의라는 허구적 환상을 토대로 완벽한 남성만의 이상사회를 만들어 나가고 있는 것이다.

여성 억압과 남성의 폭력성이 테러리즘이나 전쟁과 갖는 연관성은 분명할진대, 이상국가라는 완전성에 대한 편집증적인 집착은 분명 문제이다. 이상적인 이슬람국가를 실현하기 위해 폭력을 용인하고 테러를 지하드(聖戰)로 승격시키는 것은 더더욱 심각한 문제이다. 이와 같은 극단적 집착은 끊임없이 여성을 도구화하며 여성에 대한 폭력도 정당화할 것이기 때문이다. 경전에 집착해 화석화된 율법을 적용하려는 IS의 도착적 행위는 현실을 무시한 채 절대적인 폭력으로 이어질 수 있을 뿐만 아니라 여성에 대한 폭력을 제도화할 것이기 때문에 더욱 위험하다. 칼리파 제도만 복원하면 이슬람의 이상국가를 실현할 수 있다는 그들의 편집증적 집착 속에서 소수자에 대한 모든 폭력도 지하드로 승화될 것이다. 이러한 완전한 이슬람국가에 대한 집착은 다름아닌 절대적인 완전성에 대한 환상에서 기인하는 것이다. 이런 환상이 만들어낸 이상국가에서 여성에게는 이슬람도 국가도 없다. 과연 누구를 위한 종교이며, 누구를 위한 국가인가.

정당한 전쟁이라는 개념이 등장하면서 제국이 형성된다는 네그리의 말이 떠오른다. 미국적 가치가 근본적이며 절대 가치라는 윤리 의식은 테러와의 전쟁을 선포하는 것으로 이어졌다. 이러한 미국에서 지식인들의 성찰적 입장이나 반전 운동은 테러와의 공모로 간주되는 상황이 초래되기도 했었다. 이런 상황에 힘입어 IS는 서구 자유주의의 민주주의를 흠집 내고 거기에 도전하면서 서구식 윤리를 교란시키고자 노력하고 있다. 그런데 마찬가지로 이에 도전하는 그들이 건설하고자 하는 이상국가가 이슬람도 국가도 아닌 도착적인 환상에 의거한 것이라면 수많은 IS 희생자들의 삶은 무엇을 위한 것인가. 더구나 여성의 희생과 배제를 고착화하고 정당화하는 남성만의 국가라면 이것은 과연 정당한 국가인지 묻지 않을 수 없다. 보편성을 확보하지 못한 국가를 폭력집단이 아닌 국가라고 과연 인정해 주어야 할 윤리적 근거는 무엇인가.

우에노 치즈코는 『내셔널리즘과 젠더』(1999)에서 내셔널리즘은 집단적 동일성으로서의 욕망이고 이룰 수 없는 약속으로, 마이너리티를 동원하기 위한 상징으로 보았다. 이 운동에 동원된 여성은 자신들의 요구가 결코 우선적인 과제가 될 수 없다는 것을 경험하게 될 것이며, 더불어 "민족이나 국가라는 개념도 그 안에 여성이나 다른 소수자에 대한 억압을 내포하고 있다면 그것은 받아들일 수 없다"고 피력한다. 그렇기 때문에 우리는 IS를 거부하고 괴물로 규정할 수밖에 없는 것이다. IS는 공포정치라는 극단적인 테러와 전쟁이라는 방식을 통해 이상국가를 실현하려 애쓰고 있다. 그러나 이것은 IS의 불완전성을 가리기 위한 방편일 뿐이다.

여성이 없는 곳에 이슬람도, 국가도 없다.

IS에 대한 무슬림 지식인들의 반응

박현도_ 명지대학교 중동문제연구소 HK연구교수

길거리에서 빵 한 조각에 행복하게 웃는 사람들
시리아, 2010년

요나모스크(이라크 모술)
물고기 배 속에서 살아나온 일화로 유명한 구약성서 속 예언자
인 요나의 무덤이 있는 모스크이다. 2014년 10월 IS가 요나모스
크와 요나의 무덤을 파괴한 것으로 알려졌다.

무슬림 지식인들의 공개서한과 IS 비판

시리아 내전과 이라크 정정의 혼란을 틈타, 이 두 국가에서 세력을 확장한 ISIS(또는 ISIL)는 2014년 라마단 단식 시작일인 6월 29일 자신들이 점령한 지역을 IS(이슬람국가)[1]로 선포하였고, 지도자 알-바그다디는 스스로를 칼리파(Khalifah)[2]로 선언하였다. 1924년 터키 공화국에서 오스만제국의 칼리파 제도를 폐지함에 따라 역사의 뒤안길로 사라진 칼리파를 부활시키면서 IS가 전 세계 무슬림의 구심점 역할을 한다는 의지를 표방하고 나선 것이다.[3]

IS의 발흥에 무슬림 세계뿐 아니라 비무슬림 세계도 큰 충격을 받고 있다. 무엇보다도 비무슬림뿐 아니라 무슬림까지 무차별적으로 살해하는 참혹한 야만성에 경악을 금하지 못하고 있다. 각종 언론 매체를 통해서 IS가 진정한 의미의 이슬람국가가 아니라는 무슬림들의 비난이 쇄도할 뿐 아니라, 이슬람국가라는 명칭을 인정할 수 없다는 의미에서 무슬림들은 이슬람국가의 약어인 IS 대신 IS의 아랍어 표기

에서 약자만 따와 '다이쉬(Daish)'로 부르고 있다.[4]

이렇게 비판적인 무슬림들의 반응 중에서도 2014년 9월 19일 전 세계 무슬림 지도층 지식인 126인이 알-바그다디에게 보낸 공개서한(Risalah maftuha)[5]은 전통적 이슬람 해석을 바탕으로 IS의 잘잘못을 조목조목 꼬집고 있다. 편지에 서명한 126인의 종파적 배경은 불분명하다. 문헌 어디에도 순니인지 시아인지 밝히지 않고 있기 때문이다. 그러나 이들의 직위나 소속 면면을 보면 순니파라고 볼 수 있다. 이 서한은 자의적으로 이슬람 전통을 재단하면서 자신들의 행위를 이슬람적으로 포장하는 IS가 얼마나 비이슬람적인지를 논리정연하게 밝힌 최초의 문헌으로, IS에 대한 현대 무슬림의 해석과 사유를 엿볼 수 있기에 역사적으로 매우 중요하다. 이 글에서는 공개서한의 내용을 소개하면서 서한이 IS의 자칭 이슬람적인 행위를 어떤 이유로 비이슬람적이라고 판단하는지 살펴보고자 한다.[6]

전통적인 해석에 근거하여 전 세계 무슬림 지도층 지식인 126명이 IS의 지도자 알-바그다디에게 보낸 편지는 아랍어로 작성하여 영어, 독일어 등 여러 국가 언어로 번역되었다. 아랍어를 기준으로 보면 공개서한은 크게 4부분으로 나뉘어 있다. A4 용지 20쪽 분량의 공개서한 24개조에 이어 2쪽에 걸친 4번째 정통칼리파 알리 이븐 아비 딸립(Ali ibn Abi Talib)의 말, 1쪽 분량의 요약문에 이어 마지막으로 9쪽에 걸쳐 서명자 126명의 이름과 소속을 명기하였다. 공개서한 24개조는 크게 7개 부분으로 요약할 수 있는데, 구체적 내용은 다음과 같다.

첫째, 독단적이고 자의적인 이슬람법 해석 비판이다. 공개서한은 IS가 완벽하게 고전 아랍어를 해독할 수 없고, 이슬람 법리론을 온전히 습득하지 못한 상태에서 파트와(법률 해석과 판단, fatwa)를 발행한다고 지적한다. 꾸란을 문자적으로 해석하고, 이슬람법을 단순화하며 이슬람 학문 전통을 무시할 뿐 아니라, 현실을 무시한 법적 판단을 내리고 있다는 것이다. 특히 이들이 행하는 후두드(hudud) 처벌은 정의와 자비의 원칙을 엄수하지 않은 채 시행되고 있으며, 고문 · 사체 훼손 · 사악한 행동을 알라께 돌리는 것을 이슬람이 금하는 것임에도 불구하고 자행하고 있음을 지적한다.[7]

둘째, IS가 무차별적으로 행하는 살인 문제다. 비무슬림은 물론이요, 무슬림이라 할지라도, 시아뿐 아니라 자신들의 의견에 동조하지 않는 순니마저 무자비하게 살해하는 IS의 비인간적인 만행은 전 세계적인 공분을 자아내고 있다. 이에 대해 공개서한은 무고한 사람, 특사, 대사, 외교관, 언론인, 구호단체 요원 등을 죽여서는 안 된다고 강조한다.[8]

셋째, 지하드(jihad) 문제이다. 전통적으로 이슬람교에서는 지하드를 큰 지하드와 작은 지하드로 나누는데, 전자는 유혹에 대한 극기, 후자는 신앙의 길을 걷지 못하도록 훼방을 놓은 사람들에 대항하여 신앙을 지키기 위해 벌이는 방어적 전쟁을 의미한다. 그런데 IS는 이러한 지하드의 의미를 무시하고 무차별적인 공격을 퍼붓고 있다. 공개서한은 이를 비판하면서 올바른 동기, 목적, 원칙없이 방어적인 성격을 띤 지하드를 행할 수 없다고 강조한다.[9]

넷째, 다른 종교에 대한 태도의 문제이다. IS는 전통적으로 경전의 백성(Ahl al-Kitab, People of the Scripture)으로 분류되어 무슬림 정권 하에서 신앙의 자유를 보장 받은 그리스도인을 비롯하여, 야지디(Yazidi) 등 여러 타 종교인을 불신자(不信者)로 간주하여 살해하고 있다. 공개서한은 IS의 타종교인 살해는 명백히 이슬람의 가르침을 위배하는 것이라고 지적한다.

경전의 백성이란 신의 계시를 받은 책을 가진 종교인을 말한다. 꾸란에 언급된 계시서는 꾸란 외에 토라(Tawrat, Torah), 인질(Injil, 신약성서), 자부르(Zabur, 시편)다. 또 구체적으로 유다교인, 그리스도교인을 경전의 백성이라고 지칭한다. 경전의 백성으로 적혀 있지는 않지만 사비(Sabiun)인, 조로아스터교인(Majus)도 꾸란에 타종교인으로 언급되어 있다. 지난 1400여 년에 걸친 유구한 역사 속에서 경전의 백성이란 용어는 꾸란에 언급된 종교인 외에도 타 종교인을 포용하기 위한 방편으로 폭넓게 적용되었다. 따라서 조로아스터교의 일파로 분류할 수 있는 야지디를 우상숭배자로 몰아 죽이지 않아야 하고, 마땅히 경전의 백성으로 간주해야 한다는 것이다.[10] 예언자가 조로아스터교인을 "경전의 백성처럼 대우하라"고 하였기에, 샤리아 입장에서 야지디는

쇼핑을 즐기는 사람들
-시리아, 2010년

경전의 백성이다. 따라서 조로아스터교의 일파로 분류할 수 있는 야지디를 우상숭배자로 몰아 죽이지 않아야 한다. 또 꾸란 2장 256절에 "종교에는 강요가 없노라"고 쓰여있듯, 강제 개종은 명백히 이슬람의 가르침에 어긋나고, 노예제는 이슬람 역사에서 이미 폐지된 것으로 더 이상 유효하지 않다. IS가 개종을 강요하고, 자의적으로 불신자로 간주한 사람들을 노예로 사고파는 것을 두고 한 말이다.

다섯째, 신앙 검증(檢證)이다. 타인의 신앙을 검증하여 신앙인인지 아닌지를 구분하는 것을 타크피르(takfir), 그렇게 검증하는 사람을 타크피리(takfiri)라고 하는데, IS가 바로 대표적인 예지만, 새로운 것은 아니다. 사우디아라비아 건국의 모태인 와하비(Wahhabi) 사상의 핵심 요체 중 하나가 바로 타크피르다.[11] 타크피리들은 자신의 신앙 형태를 따르지 않는 사람들을 불신자로 몰아붙였다.

IS는 와하비 사상의 핵심 중 하나인 타크피르주의를 그대로 수용하였다. 따라서 IS가 다른 무슬림들을 불신자로 여기고 살해하는 것이 새삼 놀라운 일은 아니다. 그러나 IS는 사우디아라비아 왕가를 올바른 신앙인으로 보지 않는다. 사우디아라비아 왕정이 제거 대상임을 공표하였기에 사우디아라비아는 자국 내 와하비들에게 IS에 동조하지 말라고 경고하고 나섰다.[12] 신앙 검증이란 결국 다양성을 인정하느냐 하지 않느냐의 문제다. 현대 무슬림 지식인들은 이슬람이 언제나 학자들의 다양한 의견을 포용하였음을 논증하고 다른 견해에 대한 관용을 강조하고 있다.[13] 아울러 IS가 전 세계 무슬림들에게 예언자 무함마드가 불신자를 피해 메카에서 메디나로 이주하였듯 자신들이 세운 이슬람국가로 이주할 것을 요구하는 것은 잘못이라고 지적한다. 예언자 사후 이슬람 역사에서 그러한 이주를 요구한 적이 없기에 IS의 주장은 설득력이 없다고 비판한다.

여섯째, 사회적 약자에 대한 폭력이다. IS는 여성과 아이들의 권리를 부정하며, 이들을 소유물처럼 대하고 있다. 이에 대해 공개서한은 여성과 아이들의 권리를 부정하는 것은 이슬람의 가르침에 위배된다고 지적한다.[14]

끝으로 일곱째, 국가관과 정치관이다. 공개서한은 무장봉기의 조건으로 통치자가 명백하게 불신을 표방하고 예배를 금지시킬 때로 한정하고, 이러한 경우가 아니라면 이슬람교에서는 무장봉기를 허락하지 않는다고 주장한다. IS의 봉기는 이러한 조건에 부합하지 않는다는 말이다. 또 모든 무슬림이 동의하지 않는 상태에서 칼리파 국가 설립 선언은 이슬람교의 가르침에 어긋난다고 하면서, 이슬람은 무슬림이 개별 국민국가에 충성하는 것을 허용한다고 말한다. 무슬림 개개인이 국가에 속하여 국민으로 살아가는 것을 허용하고, 무슬림이 칼리파 국가에 살지 않아도 된다는 의미다.[15]

결론 부분에서 공개서한은 신께서 스스로를 "가장 자비롭다"고 한 것처럼 신은 자비로움으로 인간을 창조하였고, 이슬람은 자비이며,

여유롭게 물담배와 주사위놀이를 하는 사람들
-시리아, 2010년

예언자는 세상에 자비의 하나로 보내어졌다고 한다. 그러나 IS는 자비의 이슬람교를 거칠고, 잔인하고, 고문과 살인을 자행하는 종교로 잘못 이해하면서 이슬람, 무슬림, 전 세계를 모욕하고 있다고 비판한다. IS가 스스로 행동을 돌아보고 회개하여 해악을 멈추고 자비의 종교로 되돌아올 것을 권유하면서 "말하라, '검약한 나의 종들이여, 신의 자비에 대한 희망을 버리지 말라. 진정 신은 모든 죄를 용서하시니, 그분은 진실로 용서하시고 자비로우신 분이시다.'"라는 꾸란 39장 53절을 인용하면서 편지를 마무리한다.

공개서한은 말미에 네 번째 정통칼리파 알리의 말을 다음과 같이 옮기면서, 알리의 말이 IS의 출현과 패망을 의미하는 것일 수도 있음을 암시한다. IS가 옳지 못한 거짓된 존재라는 뜻이다.

검은 깃발을 보면 네가 있는 곳에 그대로 머물며 손이나 발을 움직이지 마라. 미약하고 하찮은 사람들이 등장하는 것을 보게 될 것이다. 그들의 마음은 쇳조각과 같다. 나라를 세울 것이다. 계약도 조약도 준수하지 않을 것이다. 진리를 설파한다고 하나 진리를 따르는 사람들은 아닐 것이다. 그들은 부모임을 의미하는 이름을 가질 것이고 가명은 마을 이름에서 따올 것이다. 머리는 여자처럼 흩날릴 것이다. 그들 간에 서로 이견을 보일 때까지 이러한 상황이 지속될 것이다. 그런 후 하나님께서는 당신이 원하는 사람을 세워 진리를 이루실 것이다.[16]

24개항에 걸친 공개서한 요약문을 읽다 보면 신실한 무슬림으로 자처하는 IS 구성원들이 얼마나 전근대적이고 현실과 동떨어진 삶을 사는지 쉽게 간파할 수 있다. 우리도 이렇게 혀를 끌끌 차는데, 반박문을 쓰는 사람들의 마음은 오죽했을까! 경전에 적힌 말씀이 그렇게 적혀야 했던 상황을 고려하지 않은 채 종교인들이 문자로 기록된 말씀 그대로 지키면서 살아왔다면, 아마도 오늘날 인류는 멸종했을지도 모른다. 그리스도교 성서, 특히 구약성서라고 부르는 히브리성서만 보더라도 신을 믿지 않는 사람을 죽이라는 말이 얼마나 많은가! 그대로 따랐다면 오늘날 유럽인이 얼마나 살아남았을까?[17]

IS와 종교문맹: 문자적 해석과 폭력

공개서한의 IS의 이슬람 해석 비판의 요체는 결국 IS가 종교문맹(文盲)이라는 점이다. 종교문맹이란 종교와 신앙의 의미를 알지 못하는 것이다. 어느 종교를 믿느냐 믿지 않느냐의 문제가 아니다. 믿는 사람의 종교문맹률이 더 높을 수 있다. 자신의 신앙만이 옳다는 배타주의(排他主義), 경전에 쓰인 그대로 맹목적으로 믿는 문자주의(文字主義)가 종교문맹의 핵심이다. IS는 바로 이러한 종교문맹을 그대로 구현하고 있다. 경전에 적힌 그대로 받아들이는 문자주의를 고수하면서 자신

길거리에서 여유롭게 차를 마시는 사람들
-시리아, 2010년

들의 믿음만이 옳다는 배타주의 아래 나와 다른 신앙을 지닌 사람을 불신자로 몰아 참수와 분살하는 만행을 거리낌 없이 행하고 있다. 꾸란은 이슬람을 믿지 않는 사람에 대해 사후 심판을 이야기할 뿐인데도 말이다.

IS에 심정적으로 동조하는 비무슬림들이 간혹 있다. 이들은 종교 신앙이 강하면 IS처럼 행동할 수 있는 것이 아니냐고 반문한다. 그러나 IS의 행동은 신앙의 깊이와 무관하다. 신앙 전통, 신앙의 선조들이 이성적으로 이해한 모든 것을 본질에서 어긋난 이단으로 보고 역사적 맥락을 통째로 무시한 채 문자적 해석에만 의존하는 문자주의 종교문맹이기에 현대 문명에 반하는 잔인한 행위를 하는 것이지 신앙이 깊은 것이 아니다. 이들은 시공이라는 역사의 문맥과 굳이 소통하려 하지 않는 불통의 대명사다. 이들의 실체를 모르고 신앙이 깊으면 할 수 있는 행동이라고 동조하는 사람들 역시 종교문맹이다.

IS는 근대 이후 소위 이슬람 정치 운동의 몇 가지 특징을 고스란히 내보인다. 이상적 황금시기를 7세기로 상정한 과거 회귀성, 역사적 문맥을 철저히 무시하고 경전을 읽는 문자주의, 전통을 무시한 자의적 이슬람법 해석, 타인의 신앙을 검증하는 타크피르, 세계를 이슬람과 비이슬람으로 나누어 이주(히즈라 Hijrah)를 요구하는 흑백 논리, 살인을 정당화하는 무장투쟁론, 그리스도인들과 종말론적 전쟁을 통해 십자군을 절멸하는 반 서구, 반 세속주의가 바로 그러한 특성이다. IS

는 이러한 유전적 특질을 고스란히 받을 뿐 아니라 한 단계 더 발전시켜 다음과 같은 칼리파 국가 설립 로드맵을 제시한다.

1. 이주(Hijrah) → 2. 공동체 형성(Jamaah) → 3. 불신자(Taghut) 공격 → 4. 영토 획득(Qital Tamkin) → 5. 칼리파 국가

IS의 궁극적 목적은 이슬람의 황금기 7세기의 영화를 되살려 동쪽으로는 중국의 신장위구르·중앙아시아, 서로는 스페인,[18] 북으로는 동유럽, 남으로는 수단·소말리아에 이르는 순니파 이슬람 세상을 건설하는 것이다. 이들에 따르면 이들이 세울 이슬람 세상에서는 이슬람 종교의 가르침에 따르는 이슬람법이 시행된다. 세상을 보는 눈이 극단적이다. 아군 아니면 적군이라는 완벽한 흑백논리를 지니고 있는데, IS의 지도자 알-바그다디가 한 말을 보면 명확히 드러난다.

오, 이슬람 공동체 사람들이여, 진실로 오늘날 세상은 제3자가 없는 두 진영, 두 참호로 나뉘어져 있다. 이슬람과 신앙의 진영, 불신(kufr)과 위선의 진영이다. 곧 다시 말해 한 진영은 무슬림과 투쟁용사들로 이루어져 있고, 또 다른 진영은 유대인, 십자군, 이들의 동맹, 신앙이 없는 여타 나라와 종교로 구성되어 있다. 후자는 모두 미국과 러시아가 이끌고 유대인들이 재력을 동원하여 돕는다.[19]

IS는 현재 자신들이 종말론적 전쟁을 하고 있다고 믿는다. 예언자

의 언행을 모아 놓은 전승집(하디스)에 따르면 세상 종말이 오기 전에 무슬림 군대가 그리스도교 군대와 다비끄라는 지역에서 최후의 결전을 벌인다.[20] 다비끄는 터키와 가까운 곳에 있는 시리아의 국경도시로 현재 IS가 장악하고 있다. 이러한 종말론을 철저히 믿는 IS이기에 이들이 발행하는 공식 기관지의 이름이 『다비끄』다. IS의 전쟁은 IS 창설자 자르까위가 밝힌 대로 다비끄에서 십자군을 불태울 때까지 이어질 것이다.

> "여기 이라크에서 불꽃이 타올랐고, 열기가 계속 뜨거워 질 것이다.
> 알라께서 허락하시사, 다비끄에서 십자군을 불태울 때까지."[21]

IS는 콘스탄티노플을 함락하고, 로마까지 점령하여 두 도시에 칼리파 국가의 깃발을 꽂아[22] 로마 그리스도인들의 시대를 종식할 것이라고 믿는다. IS는 로마가 예언자 무함마드의 어법에 따르면 유럽과 이슬람 이전에 이들이 지배했던 샴 지방 식민지 그리스도인을 의미한다고 여긴다.[23]

또 이슬람의 경전 꾸란과 예언자 전승집을 자의적으로 선택하고 문자적으로 해석하여 참수·분살·노예제·강간을 정당화한다. 더 나아가 세상 무슬림들이 모두 배척한다고 해도 IS는 자신들이 그 누구보다도 이슬람 전통을 충실히 따르는 진정한 무슬림이라고 믿고 있다.

현재 IS는 칼리파 국가를 설립함으로써 나름의 개혁을 완성하였다. 특히 영토를 획득한 것은 전례 없는 일로 무슬림 세계를 곤혹스럽게 만들고 있다. 공개서한은 이러한 당혹감의 표현이기도 하다. 이슬람 역사와 전통을 근간으로 정치하게 작성된 편지이지만, 그래도 여전히 IS를 어떻게 규정할 것인가라는 정의의 문제가 남아 있다. 잘못된 무슬림인가, 아니면 무슬림이 아닌가? 불신자로 본다면 타인의 신앙을 검증하는 타크피르에 빠지면서 의견의 다양성을 보장하는 이슬람교의 가르침에 위배될 수 있기에, 공개서한이 IS를 비판하는 데 사용한 무기가 자신을 되겨누는 상황이 발생한다. "타인을 불신자로 여기는 사람이 불신자"라는 예언자 하디스가 문제를 더 어렵게 만든다. IS를 신앙이라는 측면에서 효과적으로 제어하기 위해서는 IS에 대한 엄밀한 정의가 필요하다. 정의의 문제가 여전히 관건이다.

근현대 이슬람의 흐름은 19세기를 전후하여 내부의 사회적 · 도덕적 타락 혁파에서 외부 영향, 특히 유럽 식민주의와 근대화에 대한 반응으로 바뀐다. 오스만 제국의 쇠망으로 잃어버린 과거의 영광을 되살리기 위한 치열한 투쟁이 전개되었다. 이러한 움직임을 학계에서는 이슬람주의, 정치적 이슬람, 근본주의라는 여러 이름으로 부르고 있고, IS도 여기에 포함한다. 예언자 무함마드가 메디나에 세운 무슬림 공동체를 모범으로 삼아 기존 체제의 이슬람 해석을 비판하고 역

사 속에서 파생되었거나 혁신과 같은 비이슬람적 요소를 제거하려고
한다.

문제는 이러한 과정에서 잔인한 폭력과 문맥을 고려하지 않고 자
의적으로 꾸란이나 하디스를 취사선택하고 이를 문자주의적으로 해
석한다는 데에 있다. 역사 속에서 면면히 이어 온 치열한 꾸란 해석자
(무팟시룬), 하디스 전승자(무하디순), 법학자(푸카하)의 종교 문법 전통을
이성적 이해 없이 받아들인다. 이성과 전통이 충돌할 때 이성에 따라
판단해야 한다는 압두와 달리[24] 이들은 이성 대신 자구 그대로 적용
하는 문자주의자들의 해석을 따른다.

"허벅지가 드러나는 날 그들은 소환되어 부복하리니"라는 꾸란 68
장 42절의 최후의 날 심판 구절에 대해 자신의 허벅지를 가리키며 "바
로 이 허벅지"라고 한 아부 아미르나, 꾸란에 나오는 "하강(下降)"이라
는 어휘를 설명하고자 설교단에서 몇 걸음 뛰어 내리면서 "바로 이렇
게 내가 내린 것처럼 똑같이(ka nuzuli hadha)"라고 설명한 이븐 타이미야
처럼 IS는 문자 그대로 경전을 이해하고 자의적으로 적용한다.[25] 실로
종교간 평화를 위협하는 것은 폭력보다 이와 같은 문자적 해석이다.
쓰인 그대로 받아들인다면 종교간 평화가 이루어질 땅은 없다. 특히
유일신 신앙인들이 문제다. 유일신 신앙인의 수가 전 세계 인구의 반
을 넘는 것이 현실이다.[26] 종교문맹을 아찔하게 느낄 수밖에 없는 것
도 바로 이 때문이다.

IS와 아랍 언론

임병필_ 명지대학교 중동문제연구소 HK연구교수

IS의 이라크 모술 고대 유물 파괴
IS가 이라크 북부 모술에서 고대 유물을 파괴하는 동영상을 공
개했다. 5분 정도의 이 동영상엔 큰 망치를 든 사람들이 박물관
으로 보이는 곳에 전시된 석상과 조각품을 깨부수거나 넘어뜨려
훼손하는 모습이 촬영됐다. 또 사진에서 보듯이 야외에 있는 거
대한 석상을 전동 드릴로 부수는 장면도 담겼다.

〈출처:연합뉴스〉

우마이야모스크(시리아 다마스쿠스)
사우디아라비아 메카의 하람성원, 메디나의 예언자모스크, 예루살렘 악사
모스크의 황금돔(바위돔)과 함께 이슬람 제4대 성지로도 알려져 있다. 현존
하는 가장 오래된 모스크이기도 하다. 특히 모스크 외벽과 아케이드를 장식
하고 있는 화려한 모자이크로 유명하며, 건물 정면의 벽화는 전원 풍경을 묘
사하고 있는데 이슬람의 천국을 묘사하고 있다고 한다.

명쾌한 언어와 희화된 그림으로 어떠한 사건이나 상황에 대한 통렬한 풍자와 야유를 표출하는 캐리커처는 보는 이의 감정과 시선을 강렬하게 사로잡는다. 특히 시사 캐리커처의 위력은 상황에 따라서는 엄청난 파장을 불러오기도 한다. 한 예로 최근 몇 년 동안 프랑스 잡지 『샤를리 엡도(Sharlie Hebdo)』의 이슬람 관련 캐리커처들은 전 세계 무슬림들의 분노와 보복을 촉발했다.

따라서 아랍 세계의 주요 일간지들에 실렸던 캐리커처를 통해 전 세계를 공포와 경악으로 몰아넣고 있는 IS에 대한 아랍-무슬림들의 다양한 생각들을 읽어낼 수 있다.

이 글은 캐리커처에 나타난 IS에 대한 견해를 좀 더 극적으로 전달하기 위해 가상으로 기획된 것이다.[1]

캐리커처 웹사이트(http://www.arabcartoon.net/ar/np/all/all)의 다양한 작품들

질문1: 최근 전 세계를 공포와 분노로 떨게 하는 IS의 실체는 무엇인가요? 특히 아랍-무슬림들은 IS를 어떤 존재로 생각하는지 말씀해 주세요.

답변: 한마디로 그들은 학살자들이며 파괴자들입니다. IS는 국가를 선포한 2014년 6월 이후 지금까지 이라크 군경 1,700여 명과 군경 가족, 야지디족 등 2만여 명에 가까운 사람들을 무차별 학살했으며, 그들로 인해 120만 명의 난민이 발생했다고 알려져 있습니다. 외국인 인질 살해는 2014년 8월 19일 미국 프리랜서 기자를 시작으로, 2015년 2

월 3일 요르단 조종사를 화형에 처한 것까지 9명에 달하고 있지요. 전문가들은 IS가 국제적 비난에도 아랑곳하지 않고 끔찍한 동영상을 세계에 공개하는 것은 문명 사회를 정서적으로 위협하는 동시에, 문명 사회에 잠재하고 있는 공격적 그룹을 IS 편으로 끌어들이기 위한 선전술이라고 분석합니다.

IS는 원래부터 인질 살해 영상 유포 등 공포를 무기로 세력을 확산시켜 왔습니다. 그들은 학살, 참수, 총살, 인질 여성 성 노예 매매 같은 극악한 범죄를 통해 단시간에 국제적 인지도를 높였지요. 잔인함이 IS라는 브랜드의 핵심 요소이며, 이런 잔학성이 유럽 젊은층의 IS 지원을 오히려 부추긴다는 분석도 나오고 있습니다. 경제 위기 후 사회 안전망이 붕괴한 상황에서 분노를 합법적으로 해소하지 못한 젊은이들이 점차 잔인한 것에 중독되고 있다는 뜻입니다. 잔인한 게임에 노출된 청소년들은 현실감을 상실하고, 살인을 디즈니랜드에서 놀이기구 타는 것처럼 짜릿한 일로 여기게 됩니다. IS에 가입한 외국인 가운데 10대 소녀만 10%가 넘으며, 전체 10대의 비율은 그보다 훨씬 더 높을 것으로 추정되고 있습니다.

이와 같은 내용들은 다음의 캐리커처들을 보면 분명하게 알 수 있습니다.

캐리커처 내용	국가 및 일간지 명	게재일
다이쉬(시리아샴 이슬람국가)	쿠웨이트, 알-와딴	2014.10.20
다이쉬	사우디아라비아, 우카드	2014.10.05
다이쉬 국가	이집트, 알-아흐람	2014.10.11
다이쉬, ISIS	사우디아라비아, 막카	2014.07.09
다이쉬	사우디아라비아, 우카드	2014.09.28
다이쉬	아랍에미리트, 알-잇티하드	2014.08.17
다이쉬	쿠웨이트, 알-자리다	2014.06.14
의견, 다른 의견	쿠웨이트, 앗-샤히드	2014.08.22
다이쉬	쿠웨이트, 앗-샤히드	2014.10.01
다이쉬, 자유	쿠웨이트, 알-자리다	2014.10.09
다이쉬가 모술의 그리스도교인들을 이주시킨다, 이라크 그리스도교인들	카타르, 알-아라비 알-자디드	2014.07.21
다이쉬, 서양	카타르, 알-와딴	2014.09.02
다이쉬, 다이쉬, 다이쉬…	사우디아라비아, 우카드 알-야움	2014.10.16
다이쉬	사우디아라비아, 우카드	2014.09.08

질문2: 짧은 기간 내에 시리아와 이라크의 북부를 점령하고 이슬람 국가를 선포한 IS의 형성 요인은 무엇이라고 보세요?

답변: 다양한 요인이 지적되고 있는데요, 많은 아랍인들은 미국을 가장 큰 요인으로 보고 있습니다. 미국의 중동 정책이 실패하고 사담 후세인과 아사드의 반군을 지원한 것이 IS의 힘을 키우는 원인이 되었다는 거지요. 또한 아프가니스탄에서 러시아에 대항했던 전사들이 알-카에다에 흡수되었고, 알-카에다가 IS의 본류라는 점에서 간접적

다마스쿠스 하미디야 시장의 주스 장수
-시리아, 2010년

으로 IS의 형성에 영향을 주었다고 할 수 있습니다.

그 외에도 이 지역에 이해관계를 가지고 있는 이스라엘·이란·러시아를 형성 요인들 중의 하나로 보기도 하고, 시리아를 전쟁 속으로 몰아넣은 아사드 시리아 대통령과 나약한 말리키 이라크 대통령도 IS가 형성되고 세력을 확장하는 데 한몫을 했다고 봅니다. 또한 이라크 내에는 150여 개 부족들이 있는데 이들 중 IS와 이해관계가 맞아 떨어진 부족들이 합류하고 있는 실정입니다. 그 외 이슬람에 대해 잘 알지 못한 채 무조건적으로 신봉을 하는 무리들도 있구요, 가난이나 소외 등도 IS가 세력을 키우는 데 일조하고 있다고 봅니다. 가난하고 소외받는 계층들이 IS의 선전술에 속아 합류하고 있다는 말입니다.

시아 위주로 채워진 이라크 정부에 불만이 많았던 이라크 내 순니들의 동조와 지지도 한몫을 했습니다. 알다시피 IS는 순니들이 많이 사는 이라크 북부 지역을 빠른 속도로 점령했고, 이라크 정부에 대한 불만이 높았던 순니 주민들은 IS의 지배에 협조적인 태도를 보였지요. 물론 배교자 처벌을 핑계로 학살을 자행하는 IS의 행태로 인한 공포도 중요 원인이지만, 종교 갈등에서 비롯된 정부에 대한 불만과 불신도 IS 형성의 중요한 원인이라 할 수 있습니다.

캐리커처 내용	국가 및 일간지 명	게재일
다이쉬	쿠웨이트, 앗-샤히드	2014.09.05
다이쉬	쿠웨이트, 앗-샤히드	2014.08.19
다이쉬	이집트, 루즈 알-유숩	2014.08.16
이란이 다이쉬에 맞서 싸울 차례야!	사우디아라비아, 알-와딴	2014.09.22
다이쉬, ISIS	사우디아라비아, 막카	2014.08.31
이란, 시리아, 러시아, ISIS	사우디아라비아, 알-와딴	2014.09.16
다이쉬	사우디아라비아, 알-와딴	2014.06.13
IS	요르단, 앗-두스투르	2014.10.18
부족들	아랍에미리크, 알-잇티하드	2014.06.16
이라크, 부족들, 다이쉬	아랍에미리트, 알-잇티하드	2014.06.26
무지, 다이쉬, 다이쉬, 다이쉬…	아랍에미리트, 알-잇티하드	2014.09.04
분파(종파)주의, 다이쉬	아랍에미리트. 알-잇티하드	2014.06.11
다이쉬	사우디아라비아, 알-자지라	2014.07.12
다이쉬	쿠웨이트, 알-까바스	2014.08.18

질문3: 미국은 전 세계의 경찰 국가를 자처하고 있고 IS를 물리칠 충분한 힘이 있을 것 같은데, IS에 대해 어떤 전략을 취하고 있다고 보시나요?

답변: 2014년 9월 2일 IS가 두 번째 미국인 기자를 참수한 사실이 확인되자 오바마 대통령은 "우리의 목표는 IS를 분해하고 파괴하는 것"이라고 강조했으며, 바이든 부통령은 "IS를 지옥의 문까지 쫓아갈 것"이라며 "미국인들은 하나로 단합돼 있다. 또 상대가 미국인을 해칠 때 우리는 후퇴하지 않는다. 우리는 잊지 않는다."고 덧붙인 바 있습니다. 존 케리 국무장관도 "IS는 가면 뒤에 숨은 비겁자"라고 비난하고 "시간이 아무리 오래 걸리더라도 반드시 책임을 물을 것"이라고

목소리를 높였으며, 척 헤이글 국방장관도 "우리는 IS를 단순히 봉쇄하려는 게 아니라 파괴하려는 것"이라고 강조했습니다.

그런데 2015년 2월에도 IS는 여전히 건재한 채 인질들을 살해하면서 "미국이 IS를 조종하고 있다. 중동 사태에 모르쇠로 일관하고 있다. IS의 세력을 부추기고 확산시키고 전 세계를 협박하고 있다."는 등의 다양한 음모설과 더불어 2,000여 차례에 걸친 공습의 실효성에 의문이 제기되고 있는 실정입니다. IS의 괴멸을 위해 지상군 투입이 필요하다는 주장이 미국 내에서 제기되고 있지만, 대규모 지상군 파견보다는 공습의 효과를 높이고, IS 전투원에게 직접적인 타격을 가하기 위해서 소수 정예 부대로 한정한 지상군 투입이 검토되고 있다고 합니다. 미국이 국제연합군을 이끌고 IS와의 힘겨운 싸움을 하고 있지만, 강력해진 IS 세력과 다양한 사태들로 인해 당황하는 모습이 역력합니다.

캐리커처 내용	국가 및 일간지 명	게재일
다이쉬	쿠웨이트, 앗-샤히드	2014.09.07
다이쉬	쿠웨이트, 앗-샤히드	2014.09.08
이라크, 가자, 시리아	사우디아라비아, 알-와딴	2014.07.15
다이쉬	사우디아라비아, 아르-리야드	2014.02.20
다이쉬에 대한 전쟁	사우디아라비아, 알-와딴	2014.09.12
이라크, 다이쉬	사우디아라비아, 우카드 알-야움	2014.08.31
아프가니스탄-결과들, 이라크-계획 없음, 다이쉬와의 전쟁	사우디아라비아, 우카드 알-야움	2014.09.21

미국, 다이쉬	이집트, 앗-슈루끄	2014.10.12
다이쉬와의 전쟁	카타르, 아르-라야	2014.09.23
ISIS, US	쿠웨이트, 알-와딴	2014.10.14
이슬람국가에 맞서는 워싱턴의 전쟁, 다이쉬	쿠웨이트, 알-안비야으	2014.09.17
다이쉬에 대항하는 국제연합, 미국	카타르, 알-라야	2014.09.23
다이쉬, 미제	카타르, 알-와딴	2014.09.28
중동, 우크라이나, 다이쉬, 퍼거슨, 에볼라	사우디아라비아, 우카드 알-야움	2014.08.27

질문4: IS의 세력 확장과 공포 작전이 주변 지역 또는 세계에 끼치는 영향은 어떤가요?

답변: 미국은 2014년 9월 이라크에 이어 시리아로 공습 지역을 넓히면서 IS의 세력 확장을 막았다고 자평해 왔습니다. 2015년 2월 1일에는 IS 격퇴 작전의 국제연합군 사령관이 시리아 북부 접경도시 코바니를 IS로부터 재탈환하는 데 성공했다고 밝혔습니다. 하지만 실제로는 IS가 위축되기는커녕 오히려 세를 계속 확대하는 모양새입니다. 이라크, 시리아를 넘어 아프가니스탄, 파키스탄 등에서도 IS에 충성하는 단체가 잇따르고 있습니다. 여기에 IS가 미국 주도의 격퇴 작전에 동참하는 국가의 인질들을 무참히 살해하면서 일부 동맹국이 주춤거리는 상황입니다. 지난해 12월 요르단 공군 조종사가 IS에 의해 생포된 이후 아랍에미리트가 공습을 중단한 경우가 그러한 예입니다. 이렇듯 IS의 잔인성이 전장인 이라크와 시리아를 넘어 전 아랍과

중동 지역으로 그 공포감을 확산하고 있습니다. 연일 팔레스타인을 폭격하고 있는 이스라엘과 더불어 IS가 아랍, 중동, 이슬람을 향해 무력을 행사하고 있다고 느낄 정도입니다. 또한 IS의 원거리 테러에 대한 우려감은 국제연합국에 직·간접으로 가담하고 있는 모든 국가들을 넘어 전 세계로 확산되고 있는 실정입니다. 이런 점에서 인도적 지원에 국한하고는 있지만 미국의 동맹국으로 알려진 대한민국도 테러의 안전지대라고 단정하기는 어렵습니다.

캐리커처 내용	국가 및 일간지 명	게재일
다이쉬, 이라크	사우디아라비아, 알-자지라	2014.09.01
다이쉬, 시리아, 이라크	사우디아라비아, 알-자지라	2014.06.13
다이쉬, 방송의 영향	아랍에미리트, 알-잇티하드	2014.07.19
다이쉬, 시리아, 이라크	아랍에미리트, 알-잇티하드	2014.08.26
다이쉬 세상, 이라크, 시리아	카타르, 알-와딴	2014.06.14
이라크, 시리아	요르단, 알-가드	2014.09.17
다이쉬	요르단, 앗-두스투르	2014.08.17
다이쉬, 중동	카타르, 알-와딴	2014.08.11
다이쉬와 동조 세력들, 종교사상개혁, 종교	아랍에미리트, 알-잇티하드	2014.10.25
알-카에다, 누스라 전선, 다이쉬	사우디아라비아, 알-자지라	2014.10.09
이라크, 시리아, 터키	카타르, 알-와딴	2014.10.02
다이쉬, 아랍국가들	쿠웨이트, 알-자리다	2014.10.21
다이쉬, 미제	이집트, 알-아흐람	2014.09.10
다이쉬	쿠웨이트, 알-안비야으	2014.08.29

질문5: IS가 전 세계에서 세력을 모으고 있는데, 가담하는 이들에게 돈과 집과 그 외 많은 것들을 제공한다고 선전하고 있습니다. 최근 한국에서도 김군이 터키를 거쳐 IS에 자발적으로 가담한 것으로 확인되고 있습니다. 또한 연일 계속되고 있는 전투에 사용되는 무기를 구입하려면 막대한 돈이 필요할 텐데요, 그들의 막대한 자금은 어디에서 오는 걸까요? 그리고 그들을 추종하는 세력들에 대해서도 간단히 정리해 주시죠.

답변: 우선 그들의 가장 큰 자금줄은 원유 판매 수입입니다. 시리아 동부 유전지대를 집중 공략해 차지한 뒤, 이곳에서 생산한 원유를 암시장에 팔아 자금을 확보했는데, 한때는 하루에 200만 달러를 조달하기도 했습니다. 이들은 유전 지대의 부족들과 동맹을 맺고, 원유 매매 수입을 분배하기도 합니다.

인질에 대한 협상금 또한 주요한 자금 조달 방법입니다. IS가 지난 해 납치를 통해 거둬들인 자금은 2,000만 달러에 달한다고 추정되고 있습니다. 또한 IS는 안전을 보장한다는 이유를 내세워 주민들로부터 매달 800만달러(82억원)를 세금 명목으로 강제 징수했고요, 아랍권의 비공식적 송금 시스템인 하왈라[2]를 통해 세계 곳곳에 숨어 있는 이슬람 극단주의자들로부터 테러 자금을 수혈 받고 있다는 보도도 있습니다. 그 외 트럭 운전사에게 돈을 요구하거나, 기업에게 폭파 협박을 하며 돈을 요구하는 방식으로 정기적인 약탈을 하고 있으며, 걸프만

국가들의 개인적 기부를 통해 자금을 마련하기도 합니다.

　다음으로 IS의 추종자들은 돈이나 IS의 행동 이념을 쫓아 외국에서 들어오는 이들이 있고, 또 아랍 내부에서 동조하여 합류하는 세력들도 있습니다. 세계 곳곳에서 수많은 청소년들이 트위터와 같은 SNS를 통해 IS의 대원으로 포섭되고 있다고 합니다. 미 중앙정보국 CIA 추산에 따르면 IS에 가담한 외국인이 90개국 1만8천여 명에 달한다고 합니다. 지역별로는 튀니지가 3천여 명으로 가장 많고, 사우디아라비아·요르단·러시아·영국·프랑스·독일 순이며, 아시아권에서는 중국 100여 명, 일본 10여 명이 가담한 것으로 추정하고 있습니다.

　특히 청소년들의 IS 가담이 급증하고 있는 이유로는 경제적 요인을 꼽을 수 있습니다. IS는 고액의 연봉이나 차는 물론 꾸란에서 4명까지 부인을 둘 수 있다는 율법을 들어 세계의 청소년들을 유혹하고 있는 것이지요. 이러한 유혹에는 아랍인들도 예외가 될 수 없습니다. 특히 가난하고 소외된 이들이 많은 중동에서는 매우 큰 유혹이 아닐 수 없습니다.

캐리커처 내용	국가 및 일간지 명	게재일
다이쉬	사우디아라비아, 막카	2014.08.01
다이쉬, ISIS	사우디아라비아, 막카	2014.08.17
다이쉬, ISIS	사우디아라비아, 막카	2014.09.10
이라크, 다이쉬	사우디아라비아, 알-와딴	2014.09.08
오바마가 다이쉬의 힘을 잘못 판단했나?	사우디아라비아, 막카	2014.10.02
이라크 석유, 물, 식량, 약	사우디아라비아, 알-마디나	2014.10.20
아사드가 다이쉬에게 원유를 팔다	사우디아라비아, 알-와딴	2014.10.25
다이쉬	사우디아라비아, 우카드	2014.06.12
ISIS, $$	사우디아라비아, 알-와딴	214.07.04
예배의 방향(끼블라), 다이쉬	사우디아라비아, 알-마디나	2014.08.19
다이쉬	아랍에미리트, 알-칼리즈	2014.07.09
다이쉬를 보았을 때 일부 사람들이 하는 반응, 알라!	이집트, 알-미스리 알-야움	2014.08.16
아들을 낳으면 다이쉬라 이름 짓고, 딸을 낳으면 알-카에다라 이름 지으시오!	이집트, 알-미스리 알-야움	2014.08.01
당신에게 아들이 왔으니 축하합니다! 다이쉬, 우리가 이것 또한 발견했어요, 출산	이집트, 알-미스리 알-야움	2014.09.17

질문6: 다음은 IS 사태 해결 방안에 대한 질문입니다. 나날이 거세어지고 있는 IS의 만행을 중단시키려면 어떻게 해야 될까요? 방법이 있으면 말씀해 주시지요.

답변: 2014년 9월에 하산 로하니 이란 대통령은 IS에 대한 공습과 관련해 "올바른 해결책은 국제적인 지원 속에 (중동) 지역 내부에서 나와야지 그 바깥에서 나와서는 안 된다"고 강조하면서, "중동과 중앙아시아 지역에 대한 서방의 전략적 실수로 인해 이 일대가 테러리스트

들과 극단주의자들의 안식처로 바뀌어 버렸다"고 지적한 바 있습니다. 미국은 2014년 6월 보안요원 중심의 미군 775명을 처음으로 이라크에 파견하면서 IS 격퇴전을 시작한 뒤, 같은 해 8월 이라크 공습을 감행하고 9월에는 시리아로까지 전선을 확대했으나 IS는 위축되지 않고 오히려 세를 계속 확대하는 형국입니다. 공습이 실효성을 거두지 못하고 있다는 증거일 것입니다.

이런 상황에서 IS가 요르단 조종사를 불태워 죽이는 등 미국 주도의 공습에 동참하는 국가의 인질들을 무참히 살해하면서, 자국민들의 안전을 우려한 일부 동맹국이 주춤거리는 상황입니다. 그 결과 국제동맹의 공습과 이라크 · 시리아 양국의 현지 지상군을 앞세워 IS를 격퇴한다는 전략을 재검토해야 하는 처지에 내몰릴 수도 있습니다. 공습이 오히려 IS에게 무기를 제공해 주는 결과를 초래하고 있다는 비판도 있습니다. 그럼에도 불구하고 국제연합군의 강력한 결속력과 힘만이 IS를 격퇴하는 최상의 방법이라 할 수 있습니다.

캐리커처 내용	국가 및 일간지 명	게재일
연합(동맹)군, 다이쉬	사우디아라비아, 알-마디나	2014.10.08
연합(동맹), 다이쉬	아랍에미리트, 알-바얀	2014.09.24
다이쉬	쿠웨이트, 알-까바스	2014.09.04
국제사회, 살충제, 다이쉬	쿠웨이트, 알-까바스	2014.08.26
알라는 가장 위대하시다, 다이쉬, 나토	아랍에미리트, 알-잇티하드	2014.09.10
테러 전쟁, 다이쉬	카타르, 알-와딴	2014.09.25
연합(동맹), 다이쉬	쿠웨이트, 알-까바스	2014.10.12
다이쉬에 대한 전쟁	쿠웨이트, 알-자리다	2014.10.23
다이쉬에 대한 미국의 공습	카타르, 알-와딴	2014.10.24

질문7: IS는 많은 한국인들에게 무슬림들에 대한 부정적인 인식을 제공해 주고 있습니다. 한국인들에게 당부하고 싶은 말이 있다면?

답변: IS를 이슬람이나 아랍과 동일시해서는 안 됩니다. 그들은 이슬람과 아랍, 중동을 파괴하고 위협하는 존재들입니다. 그래서 아랍인들과 무슬림들도 그들을 좋아하지 않습니다. 특히 IS가 이슬람을 이용하는 전술을 제대로 꿰뚫어 보아야 합니다. 이슬람은 테러조직이 아닙니다. 2014년 9월 이슬람 율법학자들은 IS의 이념을 비난하는 선언문을 통해 IS의 반 이슬람교적 행위, 즉 이슬람 교리에 어긋나는 고문 · 살인 · 폭력 · 강제 개종 협박 · 약탈 행위 등을 비난한 바 있습니다. 세계 여러 곳에서 이슬람교를 믿는 무슬림들은 IS의 극단적인 종교관을 규탄하고 있습니다. 또한 사우디아라비아를 포함한 아랍 10개국(바레인, 이집트, 이라크, 요르단, 쿠웨이트, 레바논, 오만, 카타르, 아랍에미리트)

은 미국이 주도하는 반 IS 국제연합에 동참하고 있습니다.

마지막으로, 언론에서 IS를 지나치게 부풀리는 경향이 있습니다. 이 또한 우리가 경계해야만 할 사항입니다. IS가 공포스런 테러 장면을 담은 동영상을 제작, 전파하는 것은 그들이 적과의 싸움에서 이기는 모습을 선전하기 위한 것이므로 이들 동영상을 언론에 많이 노출시키는 것은 오히려 그들의 전략에 이용당하는 것이기 때문입니다.

캐리커처 내용	국가 및 일간지 명	게재일
이슬람, 다이쉬	사우디아라비아, 막카	2014.08.08
아랍인들의 눈에 있는 다이쉬	카타르, 알-아랍 알-자디드	2014.10.07
다이쉬, 중동	카타르, 알-와딴	2014.08.09
다이쉬는 싫어	쿠웨이트, 알-안비야으	2014.06.24
이슬람의 모습(사진), 다이쉬	요르단, 앗-두스투르	2014.08.30
방송, 다이쉬	카타르, 알-와딴	2014.10.15

IS와 테러

김종도_ 명지대학교 중동문제연구소 HK교수

거리에서 포도를 파는 아저씨와 여성 ————
시리아, 2010년

이슈타르의 문(이라크 바빌론)
바빌론 시의 8번째 내 성문이며, 기원전 575년 네부카드네자르 2
세에 의해 건축되었다. 이 문은 비빌론 신화에 등장하는 '하늘의
여신' 이슈타르에게 헌정되었으며, 문 양 옆은 황소, 용, 사자의 모
습을 그린 채색 벽돌로 장식되어 있다.

A라는 사람과 B라는 사람이 있다. A는 B가 싫어하는 행동을 수없이 반복한다. B의 인내심이 극에 달하게 되면 폭력을 사용하게 된다. 이 폭력의 행태는 다양하게 나타나는데, 그중에 가장 잔인한 것이 최근에 IS가 보여주는 참수나 분살 또는 자살 폭탄 테러이다.

최근 인류 역사상 왜 유독 무슬림에 의해서 이러한 현상들이 상대적으로 많이 나타날까? 이를 정신분석학적으로 분석하기보다는 역사적 배경과 최근에 나타난 일련의 사건을 중심으로 그 일지를 살펴보려고 한다.

중동의 분쟁, 과연 최근에 일어난 일일까? 그것은 아니다. 오래된 역사에서 그 뿌리를 찾아볼 수 있다. 일련의 주요 테러 사건들을 살펴보고, 이러한 사건 발생의 이유와 함께 일부 무슬림의 테러를 불러일으킨 서구문화권내 사건 및 그간 아랍-이슬람권에서 우리나라 사람들을 대상으로 발생한 테러를 들여다보고자 한다.

아랍인과 유대인 분쟁의 역사적 배경

성서상으로 볼 때 인류 최초의 범죄는 카인이 아벨을 돌로 쳐서 죽인 살인사건이다.[1]

성경에 의하면 아랍인과 유대인의 적대 관계는 아주 오랜 세월을 거슬러 올라간다. 구약성경에 의하면 소위 믿음의 조상이라고 부르는 아브라함(Abraham, 아랍어로는 이브라함 Ibrahim)에게는 사라(Sarah)라는 아내가 있었다. 그녀가 아이를 수태하지 못하자, 이집트 출신의 하녀인 하가르(Hagar, 아랍어로 하자르 Hajar)에게서 아들을 낳게 된다. 바로 그 아들 이름이 이스마일(Ismail)로 오늘날 아랍인의 조상으로 일컬어진다. 사라도 이어서 이삭(Issac)이라는 아들을 낳게 된다. 한 집안에 두 아내가, 적자와 서자가 함께 산다는 것은 쉬운 일이 아니다. 날로 두 아내의 싸움이 빈번해지자 아브라함은 하가르와 이스마일을 데리고 메카(Mecca)를 향해 여행을 떠난다.

여기서 이슬람과 기독교가 주장하는 아브라함 이야기의 차이점을 이해하면 왜 오늘날 기독교와 이슬람교가 앙숙 관계인지를 알게 된다. 먼저 성경(창세기 22장 2절)이나 꾸란(37장 102절)을 보면 여호와가 아브라함에게 자식을 번제물, 즉 태워 죽여 드리라고 하는 구절이 나온다. 기독교는 번제물로 이삭을 드렸다고 주장하나 이슬람은 이스마일을 드렸다고 주장한다. 어느 쪽의 말이 맞는지는 누구도 장담할 수 없다. 그러나 각자의 경전에는 각기 이스마일과 이삭으로 기록되어 있다.

또 삼위일체(Trinity)설, 즉 성부, 성자, 성신의 삼위(三位)가 하나가 됨을 주장하는 이야기에서도 두 종교는 확연히 다르다. 기독교는 이를 인정하지만, 이슬람은 알라는 자식을 낳지도 않으며 또한 낳아지지도 않으며 그분에 대등할 것이 없다고 주장한다(꾸란 112장 참조). 두 종교가 말로만 하는 것이 아니라 구체적인 증거를 제시하기에 절대로 물러설 수 없는 영역이다. 그중에서도 첨예한 부분은 예수에 대한 견해이다. 기독교는 예수를 하나님의 아들로 여기지만, 이슬람은 꾸란 112장에 근거하여 삼위일체설을 부인하면서 알라에게 무슨 자식이 있느냐며 독생자설을 부인한다.

마지막으로 기독교는 인류의 시조인 아담과 이브가 먹지 말라는 선악과를 뱀의 유혹에 의하여 따먹음으로써 남자는 육체노동이라는 고통을, 여자는 해산이라는 고통을 받게 되었다고 주장하며, 이들의 원죄가 조상 대대로 우리에게 유전되고 있다고 주장한다. 반면에 이슬람은 망각에 의하여 지은 죄는 죄가 아니라고 하면서 원죄설을 부인하며, 아담과 이브는 절대예정설에 의하여 지상에 내려오게 되었다고 주장한다.

역사적인 맥락에서 보면 이슬람은 7세기경부터 영토 확장 정복 사업을 하면서, 정복지에서 표면적으로는 동화 정책을 채택하여 피정

복민이 자기 종교를 계속 유지하는 대신에 인두세를 내면 문제 삼지 않았다. 물론 일부 이슬람 통치자들은 비무슬림들을 괴롭히기도 하였다. 그런데 전체적으로는 융화 정책으로 공존 공생을 모색하였다.

그 후 십자군 전쟁으로 인하여 무슬림들은 엄청난 인명 피해를 입었으나 예루살렘을 지켜내었다. 오스만제국(1299~1922)이 14세기부터 동로마 제국의 부르사 · 유럽 대륙 · 아랍세계를 지배하게 되자 아랍인들은 피지배 민족으로 살게 되었으며, 16세기부터 시작된 서구 열강들의 식민지 쟁탈 전쟁의 와중에 아랍인들은 피지배 민족으로서 오스만제국에 대항하여 독립을 쟁취하려고 노력하였다. 그러나 자신들의 힘만으로 쟁취하기에는 역부족이었다. 이때 중동에서 야심을 키우던 영국이 등장하여 전혀 객관적이지 못한 제안을 아랍인들과 유대인들에게 하게 된다.

여기서 먼저 왜 팔레스타인들은 테러를 자행하는지 그 역사적 배경을 짚어볼 필요가 있다.

여호와의 선민이라는 유대인이 살던 이스라엘 땅이 기원전 63년 로마의 한 주로 편입되면서 유대인은 로마의 지배를 받게 되었다. 로마가 유대인의 종교와 관습을 인정하지 않자 유대인들은 여러 차례 반란을 꾀하였지만 모두 실패로 돌아가고 말았다. 서기 132년에 모든 반란이 진압되자 로마는 이 지역의 이름을 아예 팔레스타인으로 바꾸고 유대인을 추방해 버렸다. 이 명칭은 유대인이 가장 싫어하는 명

아랍 전통 의상을 입은 아이들
-시리아, 2010년

칭이었다. 뿔뿔이 흩어진 유대인들은 각 지역에 시나고그(Synagogue, 유대교회당)를 만들며 살아가게 된다. 이때부터 유대인들은 디아스포라(Diaspora), 흩어진 사람들로서 온갖 설움과 압박 속에서 시오니즘(Zionism), 즉 다시 유대인 땅으로 돌아갈 꿈을 꾸게 된다. 유대인들이 살던 땅은 2천여 년간 팔레스타인 사람(성경에는 블렛세인이라고 함)들이 살게 되었다. 메시아(Messiah) 사상을 가진 유대인들이 메시아를 맞이하기 위해서 이스라엘 땅을 회복하는 것은 종교적 · 민족적 · 역사적 사명이었다.

한편 세계 각지를 방황하면서 새 이스라엘 건국을 꿈꾸며 살아온 유대인들 중에 정치 · 경제 · 사회 · 과학 등 각 부문의 거물급 인사들이 출현하기 시작하였다. 이들은 세계 각지의 막후에서 막강한 힘을 발휘하였다.

바로 이 시기에 서구 열강들의 식민지 쟁탈전이 한창일 때, 해가 지지 않는 나라였던 영국은 두 가지 서로 모순된 약속을 하게 된다. 하나는 아랍인에게 한 약속이며, 다른 하나는 유대인에게 한 약속이다. 적대 관계인 두 집단에게 각기 양립할 수 없는 이익을 보장하는 약속을 한 것이다. 제1차 세계대전이 한창이던 1915년 1월부터 이집트 주재 고등 판무관이었던 맥마흔(McMahon)은 사우디아라비아 메카의 샤리프 무함마드(Sharif Muhammd)의 후손인 후세인(Hussein)과 10여 차례 편지를 주고받으면서 전쟁이 끝나면 아랍인의 독립국가 건설을 지지하겠다는 약속을 하게 된다. 이것이 맥마흔-후세인 서한(The McMahon-Hussein Correspondence)이다.

오스만제국에 대항하여 독립을 이루려던 아랍인들은 도와주겠다는 약속을 믿고 영국에게 적극 협조하게 된다. 그러나 야비한 영국은 비밀리에 1916년 사이크스-피코 협정(The Sykes-Picot Agreement)을 추진하였다. 영국이 이라크와 쿠웨이트를, 러시아가 터키 동부를, 프랑스가 레바논과 시리아를 차지한다는 내용이었다. 영국의 이중 외교는 오늘날까지 지속되는 중동분쟁의 불씨가 되었다.

1917년 11월 2일 영국 외무장관이던 밸푸어가 유대인계 은행가이며 시오니즘 후원자인 로스 차일드경에게 유대 국가 건설이라는 아주 달콤한 약속을 하는 데, 이것이 바로 밸포어 선언(Balfour Declaration)이다. 그것은 팔레스타인 지역에 유대인 국가를 건설한다는 내용이었다. 이는 맥마흔-후세인 서한과 완전히 모순되는 내용이었다. 영국으로서는 미국 내의 유대인들을 선동하여 미국을 제1차 세계대전에 끌어들임으로써 유리한 국제적 위치를 점하기 위한 전략적 제안이었다. 결국 영국의 아랍인에 대한 약속은 물거품이 되었으며, 유대인들에게는 2천년의 나라 없는 설움을 종식하고 1948년 5월 14일 이스라엘 건국이라는 크나큰 선물을 안겨주었다. 이러한 영국의 이중적 태도로 인하여 오늘날 수많은 아랍인 또는 무슬림들에 의한 테러가 끊임없이 일어나게 된다.

일련의 테러 사건들

검은 9월단의 뮌헨(München)올림픽 테러 사건

독일이 통일되기 이전인 1972년 8월 26일부터 서독의 뮌헨에서 제 20회 하계올림픽이 개최되었다. 그해 9월 5일 새벽 4시 40분경에 복면을 한 건장한 남자 8명이 이스라엘 선수촌으로 돌진해 들어왔다. 이들은 바로 검은 9월단(BSO) 소속 테러리스트들이었다. 검은 9월단은 팔레스타인해방기구(PLO) 가운데 알-파타(Al-Fatah)에서 떨어져 나온 가장 과격한 극좌파 성격을 띤 무장단체 소속이었다. 이들은 AK-47 등 자동소총과 수류탄으로 무장하고, 유대계 선수와 레슬링 코치인 와인버거를 살해하고 정원에 방치한 후에 9명을 인질로 삼았다. 새벽 5시 30분경에 와인버거의 시신을 발견한 경찰은 이것이 검은 9월단의 소행임을 알게 되었다. 이어서 검은 9월단은 두 장으로 된 성명서를 창문을 통해 뿌렸다. 그 내용은 이스라엘에 수감되어 있는 234명의 동료들을 오전 9시까지 석방하라는 것이었다. 시간을 끌려는 서독측의 작전과 이스라엘 측의 직접 사태 개입 희망 등으로 혼선을 빚은 가운데, 마침내 검은 9월단의 요구를 받아들여 이집트 행 헬리콥터를 제공하기로 합의하였다. 결론적으로 이 사건은 인질 9명 전부와 경찰관 1명, 검은 9월단 소속 5명 사망과 3명 체포로 막이 내렸다. 체포된

3명은 10월 29일 발생한 루프탄자 항공 615편 납치사건으로 풀려나게 된다. 인질들이 모두 죽은 것은 두 손을 뒤로 묶인 채 두 눈을 가리고 있어 도망칠 수가 없었기 때문이다.

분노한 이스라엘은 공군기를 동원하여 PLO 기지 10곳을 폭격하여 65~200여 명의 사망자를 냈다. 계속해서 이스라엘은 이스라엘 방첩 특무청인 모사드(MOSAD)를 통하여 뮌헨올림픽 테러 사건 관여자들의 정보를 수집하고, 신의 분노작전이란 이름으로 야세르 아라파트의 사촌동생인 와일 즈와이텔을 그의 로마 아파트에서 사살했으며, 1973년 4월 9일에는 아예 PLO 간부와 검은 9월단의 간부들이 묵고 있는 레바논 베이루트의 아파트에 침투하여 이들을 살해하였다.

2001년 세계무역센터 폭파 사건

이 사건은 21세기 들어 인류에게 가장 비극적이고 치유되기 어려운 참상이었다. 9·11 테러 사건은 뉴밀레니엄이 시작된 지 불과 2년도 채 못되어 백주에 워싱턴의 국방부 청사인 펜타곤, 의사당을 비롯한 주요 관공서 건물과 뉴욕 맨하튼의 세계무역센터(WTC) 쌍둥이 빌딩에 알-카에다가 동시다발적으로 테러를 가한 사건이다. 아메리칸 항공 제11편은 승객 92명을 태우고 보스턴 로건 공항을 출발하여 로스앤젤레스로 향하던 중 납치되어 오전 8시 45분 뉴욕 세계무역센터

쌍둥이 빌딩 북쪽 상층부와 충돌하였다.

오전 9시 3분에는 유나이티드 항공 제175편이 65명의 승객을 태우고 역시 보스턴을 출발하여 로스앤젤레스를 향하던 중 납치되어 남쪽 빌딩에 충돌하였다. 워싱톤에서는 승객 64명을 태운 로스앤젤레스 행 아메리칸 항공 제77편이 오전 9시 40분경에 국방부 건물에 충돌하였다. 미국을 비롯한 전 세계는 경악하였으며, 최고 보안을 자랑하던 미국은 순식간에 안보에 구멍이 뚫리고 말았다.

9·11 테러로 세계무역센터 110층 빌딩은 무너지고 90여 개국 2,800~3,500명이 목숨을 잃었다. 물론 4대의 비행기에 탑승했던 266명 승객 전원이 사망하였으며, 실종 인원도 약 125명이나 된다. 단순히 눈에 보이는 경제적 피해만 WTC 건물이 약 11억 달러, 테러 응징 긴급 지출안 400억 달러, 재난 극복 연방 원조가 111억 달러에 달했다. 이 외에 파급된 경제적 손실은 이루 말할 수 없는 천문학적인 손해였다. 9·11사태에 대해 부시 정권이 유대인 세력과 공동으로 꾸민 자작극이라는 주장이 일부에서 제기되었으나, 이는 말도 안 되는 억지임이 드러났다.

이 사건의 배후는 오사마 빈 라덴(Usama Bin Laden)이 이끈 알-카에다로 밝혀졌으며, 미국은 이에 대한 보복으로 아프가니스탄을 공격하였다. 그 결과 오사마 빈 라덴을 보호하던 아프가니스탄의 탈레반 정권과 알-카에다 조직에 궤멸적 타격을 가했으며 끝내 오사마 빈 라덴을 2011년 사살하였다.

  알-카에다의 기원은 1979년 구 소련이 아프가니스탄을 공격하던 때로 거슬러 올라간다. 사우디아라비아 출신인 오사마 빈 라덴이 알-카에다를 조직하여 탈레반에 자금과 훈련을 제공하였으며 1988년에 이를 재정비하였다. 알-카에다는 아랍어로 '기초, 근거지, 토대'란 의미이다. 알-카에다는 초기에 구 소련에 대항하는 것이 목적이었으나, 점차 테러 요원 양성에 목적을 두었다. 이들은 이슬람세계의 내부 적보다는 미국과 이스라엘을 겨냥하였다. 즉 반미 · 반유대를 표방하였다. 알-카에다를 적극 후원하던 탈레반 정권이 미국에 의하여 무너지자 크게 타격을 받았으며, 최근에는 IS에 다소 밀리는 추세이다. 알-카에다의 한 계열인 유일신과 성전이 2004년 6월 김선일 씨를 살해함으로써 우리 나라도 그들의 잔인성을 직접 경험하였다.

  이러한 알-카에다와는 달리 IS는 서방보다는 아랍세계의 세속정권을 자신들의 내부적으로 보고, 이를 타도하기 위해 혈안이 되어 있다. 이라크 서부와 시리아 동북부에 그들의 근거지를 마련하고 있으며, 최근에는 리비아 지중해 연안의 시르트(Sirte)를 점령하여 IS, 즉 이슬람국가를 선포하였다. 리비아에 이렇게 IS가 자리잡을 수 있는 것은 리비아에 워낙 많은 부족이 있고 IS보다 강한 단체가 없기 때문이다. 아마 장기적으로 북부 아프리카의 알제리나 튀니지에도 IS를 추종하는 무력 단체들이 출현할 것으로 보인다.[2]

스페인 지하철 사건

2004년 3월 11일 오전 7시 반경, 스페인 마드리드 시내 교통 중심축인 아토차역에서 갑작스런 폭발이 일어나 190명이 사망하고 1,800여 명이 부상당하는 대형 사고가 발생하였다. 아토차역은 지하철, 장거리 열차와 통근열차가 오가는 교통요지로, 하루에도 5만여 명 이상의 승객이 이용한다. 폭발은 아토차역과 같은 노선의 2개 역에서도 발생하여 유럽을 공포의 도가니로 몰아넣었다. 열차선로에 설치된 총 14개의 폭탄 중에서 10개가 폭발하였다. 범행을 주도한 인물은 알-카에다의 조직원으로 밝혀졌으며, 그가 이 사건을 저지르게 된 것은 스페인이 2003년 3월 이라크 전쟁 시에 영국과 미국의 이라크 침공을 도왔으며, 전후에도 자국 군대를 파견한 것에 대한 분노의 표출이라고 주장했다.

탈레반의 파키스탄 학교 공격

2014년 12월 16일 오전 10시 30분 경에 탈레반 반군이 파키스탄 페샤와르 군 부설학교에 들어가 무차별적으로 총기를 난사하여 교사 9명과 학생 134명 등 141명이 사망하였으며 124명이 부상을 당하였다. 이 사건은 군이 탈레반을 공격한 것에 대한 보복이라고 탈레반 측이 밝혔다. 군복 차림의 무장 괴한 6명이 학교의 교실을 돌아다니며 무작위로 아이들에게 총을 난사하였으며, 이들을 보고 놀란 아이 열 명이 실험실로 도망쳐 숨자, 탈레반은 이들을 뒤따라 와서 한 학생을 제외하고 모두 사살하는 잔인함을 보였다. 파키스탄 군복으로 위장한 이들은 파키스탄 군경과 여덟 시간 가량 대치하다가 모두 자폭하거나 사살되었다. 사건 직후 탈레반 측은 자신들의 대변인을 통하여 "파키스탄 정부가 우리 가족과 여성들을 목표로 삼았기에 우리는 공격 대상을 군대에 의하여 운영되는 학교로 정했고 우리와 똑같은 고통을 그들이 느끼기를 원한다"고 목소리를 높였다. 이 사건을 두고 반기문 유엔 사무총장도 학교에 침투하여 무자비하게 아무런 죄 없는 학생들을 쫓아 찾아다니며 살해한 것에 대하여 "방어력이 없는 어린 이들을 공부하는 시간에 공격한 것은 공포스런 행위이며 비겁한 짓이다. 이번 테러는 어떤 이유로도 정당화될 수 없다"고 분노하였다.

이슬람 테러를 부추기는 일련의 사건들

최근 일부 과격 무슬림들에 의해 자행되는 폭력이나 테러에 대하여 서구는 무슬림들의 정체성 희석에 안간힘을 쏟고 있다. 최근 몇몇 국가에서 실시되고 있는 사례를 살펴봄으로써 서구-무슬림 간의 끊임없는 분쟁 원인을 이해할 수 있으리라고 본다.

프랑스는 2004년에 무슬림 학생들에게 이슬람 여성의 상징이라고 할 수 있는 부르카 착용을 금지하는 법을 제정했다. 이탈리아와 벨기에에서도 이러한 내용의 법률이 통과되었다. 스위스도 2011년 모스크의 뾰족한 첨탑 설치를 법으로 금지함으로써 무슬림들의 분노를 자아내고 있다. 다른 서구 국가에 비해 이민자에게 관용적인 태도를 취했던 독일에서도 2014년 10월 드레스덴(Dresden)에서 페기다(PEGIDA)라는 하는 이슬람화에 반대하는 유럽 문화 수호 시위가 일어났다.

독일 메르켈 정부는 30년간의 무슬림 동화정책의 실패를 인정하고, 새로운 유럽-이슬람 정체성을 확립한다는 목표를 설정하여 소외되기 쉬운 무슬림 2, 3세대 청소년들이 이슬람문화의 정체성을 갖도록 모국어 학습 기회를 제공하려고 하고 있다. 또 독일 중고교에 이슬람학(Islamic Studies)을 개설하여 독일 학생들과 같이 수학하게 하는 정책이 논의 중이다. 독일이 이슬람을 포용하겠다는 정책으로 볼 수 있다.

유럽의 이슬람 인구 동향도 새로운 변수로 부각되고 있다. 미국의 인구통계연구소에 의하면 2015년경에는 유럽 인구의 20%가 무슬림으로 구성될 것이라고 한다. 유럽의 인구 성향을 보면 급속한 고령화가 진행되는 반면에, 무슬림 인구는 젊은층의 비중이 차츰 높아지고 있다. 이는 앞으로 무슬림이 유럽 사회의 주력 계층으로 등장할 가능성이 높아짐을 의미한다. 신생아 출산을 보더라도 엄청난 차이가 있다. 무슬림 여성은 다산을 하여 평균 6명을 낳으며, 유럽 무슬림 여성은 3.5명을 출산한다. 반면에 유럽에서 상대적으로 출산율이 가장 높은 프랑스가 1.9명, 영국이 1.4명을 출산하여 무슬림 여성의 출산율에 못 미치고 있다. 결국 무슬림 인구가 늘어날 수밖에 없는 인구 구조임을 알 수 있다.

일부 무슬림들이 이슬람이라는 이름 하에 자행하는 폭력이나 테러는 종교적 이유가 대부분이다. 특히 유일신을 모독한다거나, 이슬람의 예언자인 무함마드를 조롱하거나 무시하는 행동은 무조건 척결의 대상이 된다. 무슬림들은 이슬람이 예언자 무함마드가 최후로 완성한 종교라는 믿음과 자부심을 갖고 있다. 그러기에 이슬람은 자신들이 금기시 하는 영역에 대하여 왈가왈부하거나 이를 표면적으로 표출하는 것을 대단히 불쾌하게 생각하며, 일부 과격분자들은 이를 목숨을 내걸고 지켜야 하는 성역으로 간주한다. 특히 창조주 알라에 대한 모독이나 불신행위는 금기 중의 금기이다. 또한 꾸란 훼손은 알라 말씀에 대한 모독으로 간주되어 금기시되고 있다. 2006년 9월 파키스탄에서 꾸란의 해설서인 타프시르(Tafsir)가 찢어진 것이 발각되어 그런 짓을 한 장본인이 구금되기도 하였다. 1980년대에 파키스탄은 신성 모독법을 제정하였다. 법 집행 절차에 상관없이 극단론자들은 이를 어긴 사람들을 처형하였는데, 지금까지 23명이나 살해되었다. 1988년에는 영국 작가 살만 루쉬디가 소설『악마의 시』를 발표하여 이슬람세계를 경악케 하였고, 이듬해 이란의 종교 지도자 아야톨

라 호메이니로부터 처형 선고를 받은 사건이 유럽-이슬람 문화 충돌의 대표적인 예로 들 수 있다.[3]

　이슬람 측에서 금기시하고 있는 종교적인 영역을 모독하였던 대표적인 사례들을 살펴보면 다음과 같다.[4]

살만 루쉬디 사건

　1988년 2월 인도계 영국 작가인 살만 루쉬디는 예언자 무함마드가 악마의 유혹을 받아 꾸란을 썼다고 주장하는 내용을 담은 『악마의 시』라는 작품을 발표하였다. 유럽에서는 선과 악의 종교적 신념에 대한 통찰을 보여준 문학성 높은 작품이라고 평하였지만, 이슬람교의 창시자인 무함마드를 부정적으로 묘사하고 그의 열두 부인을 창녀에 비유하여 이슬람권의 분노를 샀다.

『악마의 시』 표지
(살만 루쉬디, 1988)

　당시 이란의 이슬람 혁명을 성공시킨 최고 지도자 아야톨라 호메이니는 그해 2월에 이슬람 모독죄로 살만 루쉬디에게 사형선고의 파트와(Fatwa)[5]를 내렸다. 또한 그를 살해하면 100만 달러를 주겠다는 선언을 하기도 하였다. 이 사건으로 이슬람권의 분노가 극에 달했으며, 일본어 번역자는 칼에 찔려 사망했다. 또 이탈리아어 번역자와 노르웨이, 터키의 번역자도 괴한에 의해 테러를 당해 중상을 입었다. 살만 루쉬디를 지지한 뉴욕의 한 신문사에서는 폭탄이 터졌다. 나아가 이란은 영국과의 단교 선언을 하였으며, 영국은 맞불작전으로 홍콩 주재 이란 영사관을 폐쇄하고 직원들을 2주 안에 떠나도록 명령하였다.

살만 루쉬디는 영국 정부의 보호를 받다가 1998년 아야톨라 호메이니가 사망한 후에야 사면을 받을 수 있었다. 2007년 영국 정부가 살만 루쉬디에게 기사작위를 수여하자, 파키스탄을 필두로 한 많은 이슬람 국가들은 이를 철회하라는 압력을 가하기도 하였다. 파키스탄의 준 자치지역인 와지리스탄의 성직자 50명은 2007년 11월에 살만 루쉬디를 살해하면 7억 루피를 주겠다는 현상금을 걸기도 하였다.

무함마드 만평 사건

2005년 9월 덴마크의 율란츠 포스텐이 '무함마드 얼굴'이란 만평을 게재함으로써 이슬람세계를 격동케 하였다. 연일 대규모 시위가 이어졌고 해외에 있는 덴마크 대사관은 불에 타고 철수하기도 하였다. 이 만화는 시한폭탄 모양의 터번을 둘러 쓴 무함마드가 죽어서 천국에 온 이슬람 자폭 테러자들[6]에게 "너희들에게 나눠줄 처녀들이 다떨어졌다"라고 말하는 내용이다. 이슬람의 일부 하디스에는 순교자에게 줄 72명의 처녀가 천국에 준비되어 있다고 한다.

이 사건은 전 세계를 떠들썩하게 하였고, 이슬람에 대하여 무지하였던 서구나 우리에게 경각심을 일깨워 주는 계기가 되었다. 이슬람 입장에서 보면 예언자에 대한 그림을 그리는 것은 대단한 불경죄에 해당하며, 더군다나 그에게 시한폭탄 모양의 터번을 씌웠으니 무슬림들은 분노는 당연한 것이었다. 박노자(오슬로 국립대) 교수는 이 사건의 본질을 덴마크 극우파 정부의 이슬람 차별 정책에 기인한다고 분석하기도 하였다.[7]

꾸란에 무함마드 초상의 그림, 인쇄, 조각을 금한다는 내용은 구체적으로 없다. 그러나 무슬림들은 꾸란에 근거하여 그러한 전통을 고수하고 있다. 꾸란 42장 11절에는 다음과 같이 언급되어 있다.

"그분과 비교할 수 있는 것은 아무것도 없나니라."

같은 이유에서 이슬람은 조상(彫像)을 금하고 있다. 집안에 조상을 두면 알라의 자비가 떠나 버리며, 천사가 그런 집에는 들어가지 않는다고 한다. 이슬람 율법학자들에 의하면, 자신의 집에 조상을 두는 사람은 마치 불신자와 같으며 집에서 우상을 섬기는 것과 다름없다고 보고 있다. 물론 우상을 만드는 것도 금기시되고 있다. 설사 비무슬림들을 위해 제조하는 것이라고 할지라도 금기인 것이다. 하디스 학자인 부카리와 다른 사람들이 전하는 바에 의하면 "부활의 날에 조상을 만든 사람들은 조상이 숨을 쉬도록 요청받을 것이나 그는 결코 그렇게 하지 못할 것이다"라고 한다. 즉 부활의 날에 그는 조상에게 생명을 불어 넣으라고 명령을 받을 것인데 결국 조상을 만든 대가로 그는 비난을 받고 창피를 당하게 되는 것이다. 부카리와 무슬림이 전하는 바에 따르면, 무함마드도 "부활의 날에 혹독한 벌을 받는 사람들 가운데는 조상을 만드는 사람들이 될 것이다"라고 말했다.[8] 이것은 바로 조상을 알라의 창조에 대한 모방 행위로 간주하기 때문이다.

그러나 아랍세계를 다녀 보면 영웅이나 전사의 동상이나 흉상을 세워 놓은 것을 많이 볼 수 있다. 예를 들면 이집트의 수도인 카이로에 가면 로터리에 동상이 세워져 있다는 것을 쉽게 볼 수 있다. 이라크의 유일한 항구 도시인 바스라에서 이란과의 전쟁 시에 전사한 전사들의 동상들이 강가에 즐비하게 세워져 있다.

교황 베네딕토의 발언

교황은 천주교의 최고 수장이다. 2006년 9월 12일 당시 교황인 베네딕토 16세는 독일의 레겐스부르크대학에서 집전한 미사에서, 14세기 비잔틴 황제인 마누엘 II 팔레올로고스와 페르시아 지식인이 나눈 대화를 상세히 적은 책의 내용을 인용하는 중 "무함마드가 가져온 것이 무엇인지를 보여 달라. 그러면 그가 자신의 신념을 칼로써 전파하도록 명령을 내리는 사악하고 비인간적인 것들을 발견하게 될 것이다"라고 말하면서 "그(황제)는 지하드, 즉 성전의 문제에 관해 이야기하며 폭력은 신의 본성이나 인간의 이성과는 양립할 수 없는 것"이라고 말했다.[9] 이슬람을 풍자하는 '한 손에 칼 한 손에 꾸란'을 또 다시 빗대어 표현한 것이다. 이슬람권에서는 이것을 베네딕토가 근본적으로 이슬람의 폭력성을 부각시킨 것이라고 비난하면서 강력히 반발하였다. 일파만파로 이슬람권의 분노가 커지자 같은 달 17일에 교황이 직접 나서 유감의 뜻을 표명하고 사과하기에 이르렀다.

무슬림들은 9 · 11사태 이후 미국의 아프카니스탄과 이라크 침공을 제2의 대 이슬람권 십자군 전쟁으로 인식하며, 무함마드 만평 사건이나 베네딕토의 발언을 이를 뒷받침하는 일련의 사건으로 보고 있다.

무함마드 비디오 파문

덴마크 인민당의 청년 조직은 2006년 8월 여름 캠프의 그림 그리기 행사에서, 무함마드를 우스꽝스럽게 그려 놓고 수십 명의 당원들이 노래를 부르고 술을 마시며 그림을 조롱하는 장면을 비디오로 촬영했다. 이 내용은 인터넷을 통해 급속히 확산되었고 10월 6일에는 텔레비전에 방영되기도 하였다. 이슬람권은 연이은 서구의 대 이슬람 비하에 대하여 강력한 반발을 하며 즉각적인 경고를 내 놓았다. 마흐무드 이란 대통령은 "이 사건의 배후에는 인간적인 가치가 모자라는 저질의 인간들이 있다"면서 "무슬림의 분노가 바다를 이루면 통제하기 어렵게 될 것이다"라고 경고하기도 했다. 이집트의 무슬림형제단은 "덴마크는 이슬람에 대하여 새로운 모욕을 저질렀다"고 비난하였다.[10]

오페라 취소

2006년 9월 26일 독일의 베를린 도이체 오퍼극장 총감독인 키어스텐 함스는 그해 11월로 예정된 모짜르트 오페라 이도메네오 공연을 취소한다고 발표했다. 오페라가 이슬람권을 자극하여 공격을 받을 우려를 걱정하여 관객과 직원들의 안전을 위한다는 설명이 뒤따랐다. 오페라 〈이도메네오는 신에 대한 인간의 의무와 인간에 대한 신의 의무 사이의 갈등을 다룬 작품으로, 크레타의 왕인 이도메네오가 피 묻은 자루에서 포세이돈, 예수, 부처, 무함마드의 잘린 목을 꺼내 추켜들었다가 4개의 의자에 나눠 올려 놓는 마지막 장면이 나온다. 여기서 무함마드의 잘린 목 장면이 이슬람권을 자극할 수 있다는 판단을 내린 것이다. 만약 공연이 진행되었다면 이슬람권은 활화산같은 분노를 쏟아내었을 것이다.[11]

샤를리 엡도

2015년 1월 7일에 예멘 알-카에다에서 훈련받은 테러리스트 쿠아치 형제가 프랑스 시사주간지『샤를리 엡도』에 테러 공격을 가하여 편집장을 비롯한 12명이 목숨을 잃었다.『샤를리 엡도』는 그동안 여러 차례 무함마드에 대한 풍자만화를 게재해 무슬림들의 반발을 샀으며, 이번에도 그간 쌓였던 분노가 일부 과격 무슬림들에 의하

『샤를리 엡도』표지
(2015년 1월호)

여 폭발한 것으로 볼 수 있다. 이들은 사건 후에 "우리는 예언자의 원수를 갚았다"고 주장하여 무함마드 풍자에 대한 보복성 테러임을 밝혔다. 어떤 이유에서든지 폭력은 그 정당성을 인정 받지 못하기에 전 세계 언론과 시민들은 규탄시위를 벌이기도 하였다. 이 주간지는 자신들의 정당성을 강변이라도 하듯 그로부터 일주일 후인 1월 14일자『샤를리 엡도』표지에 무함마드가 눈물을 흘리며 '내가 샤를리다'라고 적힌 종이를 들고 있는 그림을 실었다. 표지 만평에는 다 용서한다, 즉 무함마드 자신을 풍자한 만평가들을 용서한다는 의미라고 하였다. 이는 뤼즈라는 필명으로 활동해 온 레날 뤼지에가 그린 것으로, 그는 2011년에도 무함마드 만평을 실어 이슬람권의 분노를 일으켰다. 당시

에도 과격 무슬림들이 샤를리 엡도 사무실을 방화하였다.

한국인 납치 또는 테러

우리나라는 1970년대 중반 이후 중동에 진출하면서 위상이 높아졌다. 상대적으로 세계화, 지구촌화 되면서 관광객 수가 많아지자 테러 집단의 표적이 되고 있다. 필리핀 민다나오 섬에서 공사 중에 이슬람 무장단체에 의하여 인질로 잡혀 몸값을 요구받거나 살해당하기도 하였으며, 2000년대 들어서는 더욱 그 숫자가 늘어나기도 하였다. 이에 그간 우리 한국인과 관련된 테러 일지를 살펴보고자 한다.

1978년 1월 18일 필리핀에서 이슬람 반군들에 의하여 박화춘 씨가 납치되었으며, 그 이후에도 이슬람 반군에 의하여 크고 작은 납치 사건이 일어났다. 2000년대 들어오면서 우리나라 사람들에 대한 테러가 중동 지역에서 수시로 발생하고 있다. 9·11사태 당시 알-카에다가 적시한 테러 공격 순위를 보면 제1순위가 미국·영국·호주이며 제2순위로는 일본·한국·필리핀이라는 보도도 있었다. 즉 이라크에 군대를 파병한 국가에 대한 보복성이 짙은 순위로 보인다. 알-카에다의 제2인자였으며 9·11사태를 주도했던 앗-자와히리는 알-자지라 방송을 통하여 한국에 대한 테러를 촉구하였다.

우리나라가 테러의 목표물이 되는 것은 세 가지 이유로 볼 수 있다.

첫째, 미국과의 우방 관계로 인한 표적이다. 우리나라는 미국의 요청으로 이라크에 자이툰 부대를 파견하였으며, 아프가니스탄에는 민간 재건팀(PRT)를 파견하였고, 2009년에는 전투함 청해함을 소말리아 해역으로 파견한 것 등이 주 원인이 되고 있다. 둘째, 자신들을 타도 대상으로 삼고 있는 예멘 정부의 관계 개선을 빌미로 자원외교에 바탕을 둔 한국을 주요 테러 타켓으로 상정하고 있다. 셋째, 종교적인 이유인데, 2007년 알-카에다와 연관된 탈레반이 한국 샘물교회 의료봉사단을 인질로 잡은 것이 대표적인 사례이다. 기독교가 이슬람세계에 들어와 설치고 다니는 것이 못마땅한 것이었다.

사실 9 · 11사태 이후 아랍인들에게는 '한국인=그리스도교인=선교사'라는 등식이 퍼지고 있다. 누구든 자신의 종교를 강요하거나 타인의 신앙 자유를 침해해서는 안 된다. 예를 들면 시리아에서 선교사가 아랍어 어학원에 입학한 다음, 교사에게 시간을 달라고 하여 한글로 적은 아랍어 찬송가를 부른다든가, 아니면 성채에 들어가 기타를 치며 찬송가를 불러 쫓겨난다든가 하는 행위는 이슬람을 자극하는 일임에 분명하다. 자신은 사명을 다하다가 부당하게 추방된다고 생각하겠지만, 남아 있는 교민들은 테러 대상이 될 위험이 가중되고 체류가 점점 더 어렵게 되는 것이다. 그간 이슬람권에서 일어난 우리 한국인에 대한 테러나 인질 사건을 도표로 제시하면 다음과 같다.

사람들로 북적대는 아이스크림 가게(다마스쿠스)

-시리아, 2010년

〈한국인 납치 또는 테러 일지〉

1978.01	미국 FEMCO사에 근무하던 박화춘 씨, 필리핀 MORO 이슬람 반군에 의하여 납치.16일 만에 석방.
1979.10	한일개발 신필호 씨가 필리핀 민다나오 섬 아고스댐 현장에서 이슬람분리주의자(MNLP)에 의해 납치된 후 12일 만에 석방.
1982.05	이라크 정우개발 현장에서 근로자 문경희 씨와 이명호 씨가 쿠르드 게릴라에 의해 납치. 144일만에 석방.
1986.01	레바논 주재 한국공관 도재승 서기관 무장괴한 4명에 의해 납치된 후 21개월 만에 석방됨.
1986.08	이라크 키르쿡에서 현대건설 근로자 최승호 씨 등 2명이 반정부 쿠르드 게릴라에에 의해 납치. 87년 3월 최씨는 탈출했으나 김재항(2015년 현재 56세) 씨는 아직 생사를 모름.
1988.02	㈜한양 근로자 2명이 이라크 바그다드 남동쪽 340km에서 실종된 지 12일만에 실종지에서 45km 떨어진 쿠마이트주 지역에서 총격을 받고 숨진 시체로 발견.
1991.01	걸프전 바로 직전 알지하드 이슬람해방운동 지도자인 아사드는 한국이 걸프전 참전시에 테러를 가하겠다고 위협.
1991.03	현대건설 근로자 5명 이라크 키르쿡에서 쿠르드반군에게 납치 3일 후 풀려남.
1992.09	대우건설 근로자 4명, 이란 반다르아비스 항구 북쪽 200km에서 납치된 후 한 달 만에 석방됨.
1993.12	필리핀 민다나오섬에서 댐공사를 한던 한국인 근로자 8명이 모로이슬람전선(MILF)에 의해 납치됨.
1994.08	필리핀 댐건설에 참여한 ㈜신성 근로자 7명이 이슬람 반군에 납치되었다가 석방.
1994.10	알제리 대우 합작현지회사 강대현 부사장 괴한에게 살해, 14일에는 한국전자계산의 강상현 과장이 납치돼 사망함.
1998.01	예멘 주재 공관원 가족 등 3명이 수도 사나에서 알아하다족에 의해 납치, 4일 후에 석방.
2001.02	터키 내의 체첸 무장집단이 이스탄불 스위스 호텔에 진입 한국인 2명을 포함하여 총 60명을 볼모로 인질극 자행.
2003.11	이라크 티크리트 고속도로에서 ㈜오무전기 근로자 4명 피격.

2004.04	이라크 남부 나시리야에서 한국인 NGO요원 등 2명이 시아파 알사드르 추종 민병대원에 납치되었다가 19시간 만에 풀려남.
2004.04	요르단에서 이라크 입국 중이던 한국인 목사 및 선교사 7명이 팔루자에서 납치되었다가 7시간 후에 풀려남.
2004.05	가나무역 직원인 김선일 씨가 바그다드에서 팔루자로 이동하던 중 앗-타우히드와 지하드에 납치된 후에 6월 23일 참수된 채 팔루자 도로에서 발견됨.
2004.08	외국 언론사 소속 한국인 조모씨 이라크 취재 중 억류 15시간 30분 만에 석방.
2005.02	나이지리아 교민 몸값 노린 무장세력에 납치 뒤 석방.
2006.03	KBS특파원 팔레스타인 가자지구 호텔에서 무장단체에 의하여 피랍. 하루 뒤 석방.
2006.04	동원수산 소속 원양어선 동원호, 소말리아 인근 해역에서 무장단체에 피랍. 7월 30일 석방.
2006.06	나이지리아 유전지대 하코트 항구 내 대우건설현장에서 무장단체 니제르델타 해방운동이 근로자 5명을 납치하였다가 석방.
2007.01	나이지리아 남부 바엘사주 오구 지역에서 대우건설 소속 한국인 근로자 9명과 현지인 1명이 무장단체에 피랍. 사흘 뒤 석방.
2007.05	나이지리아 유전지대 포트 하코트 내 화력발전소 건설 현장에서 대우건설 소속 직원 3명 무장단체에 피랍. 6일 만에 석방.
2007.05	소말리아 인근 해역에서 한국인 4명 탑승 원양어선 2척 무장단체에 피랍. 173일 만인 11월 4일 석방.
2007.07	분당 샘물교회 자원봉사자 23명, 아프가니스탄 탈레반 무장세력에 피랍. 8월 30일까지 배형규 목사와 심성민 단원 등 2명 피살, 21명은 석방.
2007.10	소말리아 주변 해역에서 한국인 선원 2명 승선한 일본 선박 해적단체에 피랍. 1명 탈출, 1명은 12월 12일 석방.
2008.03	필리핀 민다나오 섬에서 한국인 사업가 납치됨. 5월 23일 석방.
2008.10	소말리아 인근 아덴만에서 피랍된 브라이트 루비호피 선원 한국인 8명 등 22명 전원 석방.
2008.11	일본 소유 선박인 파나마 국적 캠스타호가 소말리아 아덴만 동쪽에서 해적들에게 피랍. 한국인 선원 5명 등 선원 23명 90일 만에 석방.
2009.03	예멘 남동부 하드라마우트 관광지에서 폭탄 테러로 한국인 관광객 18명 중 4명 사망, 3명 부상. 이후 정부 대책팀도 자살 폭탄 테러를 당했으나 무사함.
2009.06	예멘 북부 사다에서 국제의료 자원봉사단체 소속 한국인 1명 등 9명 피랍. 15일 전원 사망.

2010.10	한국인 2명 등 43명 승선한 한국 어선 금미 305호가 케냐 앞바다에서 소말리아 해적에게 피랍.
2012.02	이집트에서 시나이 성지순례에 나섰던 한국인 목사 3명이 무장세력에 억류되었다가 29시간 만에 석방.
2013.09	케냐 나이로비의 대형 몰에서 소말리아 이슬람 반군 소행으로 한국인 여성 1명 등 60여 명이 숨지고 175명 정도가 부상당함.
2014.01	리비아 트리폴리 대한무역투자진흥공사(KOTRA) 관장 한석우 씨가 4명의 괴한에 납치된 후 4일 만에 풀려남.
2014.02	이집트 동북부 시나이반도 휴양지 타바에서 성지순례 중인 한국 진천교회 신도들이 탄 버스에 이슬람 과격단체가 폭탄테러를 가하여 한국인 3명 등 7명 사망.
2015.01	리비아 수도 트리폴리 소재 5성급 호텔에 IS 추정 세력이 습격하여 경비원과 외국인 9명이 사망하였는데 그 중 1명이 한국인으로 추정.

부록

IS 행동일지

용어 해설

IS 행동일지

1999년

앗-자르까위, 유일신과 성전 조직(1999~2004).

2004년

메소포타미아 알-카에다, 즉 이라크 알-카에다로 개명(2004-2006).

2006년

앗-자르까위는 이라크 내 5개 무장단체를 조직했으나(2006.1~10) 2006년 6월 미군의 공습으로 사망. 아부 함자 알-무하지르가 앗-자르까위의 후계자가 됨.

2011년

아부 우마르 알-바그다디가 통합을 통해 ISI(이라크 이슬람국가) 건설.

2012년

시리아 내전이 발발하자 시리아에서 누스라 전선을 통해 세력을 확대하고 명칭을 ISI에서 ISIS/ISIL(이라크와 샴/레반트 이슬람국가)로 변경. ISIS의 강압적이고 잔학한 행위에 대한 시리아 반군 내부의 불만이 폭증하면서 누스라 전선도 ISIS와 결별을 선언함.

2014년

2월 3일, 알-카에다와 ISIS가 공식적으로 결별함(CNN 2014.9.12).

6월 29일(라마단월 첫 날), 아부 바크르 알-바그다디의 주도로 IS로 명칭을 변경하고 중앙정부의 영향이 미치지 못하는 이라크 북서부, 시리아 지역을 점령.

8월 9일, 이라크 공습 시작

8월 19일, 미국인 종군 기자 James Wright Jim Foley 참수

9월 2일, 미국인 종군 기자 Steven Sotloff 참수

9월 16일, 영국인 NGO 활동가 David Cawthorne Haynes 참수

9월 23일, 시리아까지 공습 확대

9월 24일, 프랑스인 에르베 구르델 참수

10월 3일, 시리아 난민 지원활동을 했던 영국인 Alan Henning 참수

11월 16일, 미국인 구호활동가 피터 캐식 참수

유엔의 2014년 10월 보고서

IS가 장악한 이라크 지역에서만 24,000명의 민간인 살상

2015년

1월 9일, 프랑스 유대인 식료품 가게 인질극, 인질 4명 살해

1월 25일, 일본인 인질 유카와 하루나 참수

2월 1일, 일본인 인질 고토 겐지 참수

2월 1일, 이라크 군경 3명 처형

2월 3일, 요르단 조종사 알-카사스베 분살

2월 15일, 리비아IS, 이집트 그리스도교인 21명 참수

3월 18일, 튀니지IS, 박물관 테러, 23명 사망

3월 20일, 예멘 IS, 모스크 테러, 137명 사망

4월 12일, 리비아 수도 트리폴리 한국 대사관 공격, 경찰관 2명 사망, 1명 부상

4월 18일, 아프가니스탄 동부 낭가르하르주 잘랄라바드시, 자살 폭탄 테러 최소 33명 사망, 100명 이상 부상

4월 19일, 에티오피아 그리스도교인 30명 참수

5월 1일, 이라크 모술 근처에서 야지디족 포로 등 600여 명 처형

5월 3일, 미국 텍사스주 갈랜드 무함마드 만평 전시장 총격 경찰 1명 부상

5월 9일, 시리아 고대도시 팔미라와 인근 지역 대학살 최소 400명 살해

5월 28일, 자신의 무덤을 파는 잔인한 동영상 공개

5월 29일, 사우디아라비아 이슬람사원 자살 폭탄 테러 최소 4명 사망

5월 30일, 시리아 팔미라 타드무르 감옥 폭파

6월 1일, 바그다드 북서쪽에 위치한 사마라와 타르타르 호수 사이 경찰 기지에서 탱크 이용한 IS 테러 공격, 경찰 37명 사망, 33명 부상

6월 2일, 자살 테러를 위해 어린이 500명 납치

용어 해설

ISI (Islamic State in Iraq) 이라크 이슬람국가. 2006년 '이라크 무자히딘 슈라 위원회'를 변경하여 2013년까지 '이라크 이슬람국가'로 불렸다. IS로 바꾸기 전 이름 중 하나다.

ISIS / ISIL (the Islamic State in Iraq and al-Sham/Levant) 시리아 내전의 혼란을 틈 타 시리아로 보낸 아부 무함마드 앗-자울라니가 성공을 거두자 그가 구축한 누스라 전선을 통합하여 2013년 4월 ISIS/ISIL, 즉 '이라크와 샴/레반트 이슬람국가'로 선포하였다. 그러나 앗-자울라니가 알-카에다에 충성을 맹세하고 따르지 않자 현 IS 주도 세력은 그와 결별하고 독자적으로 시리아 내에 세력을 구축하였다.

글로벌 지하드 (Global Jihad) IS, 알-카에다와 같이 이슬람을 기치로 앞세워 감행하는 전 세계적인 규모의 공격적인 테러를 뜻한다. 이와 같은 무력 도발로 인하여 원래는 크게는 내적인 유혹에 대한 투쟁(대 지하드), 작게는 신앙을 방해하는 이들에 대한 방어적 투쟁(소 지하드)을 의미하는 지하드가 성전(聖戰)이라는 의미로 번역되고 있다.

나끄쉬반디군 (The Army of the Men of the Naqshbandi Order) 나끄쉬반디는 14세기 페르시아 지역에서 발흥한 수피 교단이다. 교조는 크와자 바하 앗-딘 나끄쉬반드(1318-1389). 나끄쉬반디군은 2006년부터 이라크에서 활약하고 있는데, 사담 후세인을 지지하는 지하 바아쓰 당원과 수피 무장대원이 결합한 단체다. 이라크 북부, 북서부 지역에서 암약하는 순니 무장단체다.

누스라 전선 (al-Nusrah Front) 아랍어명은 자브하트 안-누스라(Jabhat al-Nusrah). 2011년 말 당시 알-카에다 이라크 지부 대표였던 현 IS 지도자 아부 바크르 알-바그다디가 시리아 출신 조직원 아부 무함마드 앗-자울라니를 내전에 휩싸인 시리아로 보내 만든 무장단체. 안정적인 무기 공급과 지원으로 시리아에서 성공을 거두었으나 IS가 누스라 전선의 독립성을 인정하지 않고 부속기관으로 여기고 누스라 전선이 획득한 영토를 자신의 것으로 선언하자 이에 불복, IS와 결별하였다. 현재 알-카에다 조직으로 존속하고 있다.

니깝 (Niqab) 무슬림 여성의 머리가리개 일종. 눈 부분만 개방하고 머리와 얼굴을 모두 가린다. 주로 걸프지역의 여성이 많이 착용한다.

다비끄 (Dabiq) PDF로 제작하는 IS의 온라인 영문기관지로 총 천연색으로 제작한다. 2014년 라마단월(이슬람력 9월, 서력 2014년 7월 초)에 1호가 나온 이래 현재까지(2015년 5월 말까지) 모두 9호가 발간되었다. 자신들의 목적과 행동의 이유를 설명하고 변호하는 글을 실어 IS의 입장을 선전한다.

다이쉬 (Daish) IS의 원명은 ISIL(또는 ISIS)이었는데, 이는 아랍어를 영어로 옮겨 앞 글자만 딴 이름이다. 다이쉬는 아랍어 원명에서 아랍어 앞 글자만 따서 붙여 읽는 이름으로, IS가 이슬람국가라고 주장하는 것을 인정할 수 없는 무슬림국가에서 이슬람국가라는 말을 쓰지 않기 위해 의도적으로 사용한다. 미국과 프랑스는 이들이 국가라는 것을 인정하지 않기 위해 다이쉬라는 말을 쓴다.

디지털 지하드 (Digital Jihad) 무슬림 무장 단체들이 디지털 매체를 이용하여 온라인에서 벌이는 홍보전을 디지털 지하드라고 한다. IS는 이러한 온라인 홍보전에 능숙하여 고급 기술을 동원하여 동영상, 책자 등을 최대한 세련되게 편집, 제작하여 온라인에 익숙한 젊은 세대의 눈높이를 맞추면서 투쟁과 전사 모집 효과를 극대화하고 있다. 특히 자신들의 투쟁, 공격, 살상의 이유를 종교적으로 변호하면서 정당화하는 데 디지털 매체를 최대한 이용하고 있다.

말라힘 미디어 (Malahim Media) 2007년 알-카에다 예멘지부에서 시작한 온라인 선전기구. 알-카에다의 활동을 알리는 각종 시청각 선전물을 만든다. 지도자의 말, 단체의 업적, 무슬림 전사들의 편지, 가족 이야기 등 다양한 이야기를 담고 있으며, IS의『다비끄』와 같은 영문지『인스파이어』도 제작한다. 알-카에다가 2010년에 발행하기 시작한 영어 저널『인스파이어』는 특히 '서구를 공격하려 하는, 서구에 기반하고 있는 테러리스트들인 외로운 늑대들'을 고무시키는 데 초점을 맞추고 있다.

무자트위트 (Mujatweets) IS가 제작한 선전용 동영상 시리즈물이다. 유투브에 올려 전 세계인에게 자신들의 삶이 얼마나 평온하고 의미 있는지 선전하는데, 등장인물은 대체로 IS 전사와 주변 시민들이고, 길이는 편당 약 1분 30초 정도다. IS의 미디어 매체인 알-하야트 미디어 센터(Al-Hayat Media Center)가 제작하여 보급하고 있다.

무함마드 압둘 와합 (Muhammad ibn Abd al-Wahhab, 1703-1792) 근대 이슬람 근본주의, 극단주의의 시조로 꼽히는 인물. 예언자 무함마드가 가르친 그대로 따르는 것이 진정한 무슬림이라고 하면서 전통적으로 무슬림으로 행해온 일체의 종교적 행위, 예를 들면 위대한 무슬림의 무덤을 방문하거나 유명한 모스크에 찾아가거나 하는 것을 비 이슬람적인 관습으로 보고 금지하였다. 이러한 행위를 하는 무슬림은 배교자, 불신자, 우상숭배자로 간주되어 목숨을 빼앗거나 재산을 강탈하는 것을 용인하였다. 그의 이슬람 사상은 사우드 가문의 무력과 결합하여 오늘날 사우디아라비아의 건국 기반이 되었다.

밀라트 이브라힘 (Millat Ibrahim) '아브라함의 종교'라는 의미다. 이슬람에서 아브라함은 유다인도 그리스도인도 아닌 순수한 유일 신앙인이다. 이슬람은 이러한 아브라함의 신앙을 계승한 신앙 전통이라고 자처한다. 밀라트 이브라힘은 IS를 위시하여 무슬림 무장 전사들에게 사상적 영향을 끼친 아부 무함마드 알-마끄디시가 1984년 저술한 소책자의 제목이기도 하다. 이 책에서 그는 예언자 시대의 우상숭배와 현대 배교자 정권의 유사점을 지적한다.

밸포어 선언 (Balfour Declaration) 1917년 11월 2일 영국의 외무장관 밸포어(Arthur James Balfour)가 로스차일드 경(Lord Rothschild)에 보낸 편지에서 팔레스타인에 유다인의 국가를 건설하는 것을 돕겠다는 영국 정부의 의향을 밝힌 것을 말한다. 원문의 내용은 다음과 같다. "영국 정부는 팔레스타인에 유다민족 국가를 건설하는 것을 호의적으로 생각하고, 이러한 목적을 용이하게 달성하기 위하여 최선을 다할 것이다. 분명히 밝혀 두건대, 팔레스타인 내 기존 비 유다인 공동체의 민권과 종교상 권리나 타국 거주 유다인이 누리는 권리와 정치적 지위에 해를 끼치는 일은 결코 행하지 않을 것이다."

살라피스트-지하디즘 (Salafist-Jihadism) 살라피 사상을 지하드를 통해 이루려는 것을 말한다. 이슬람 역사상 황금시기인 1세기의 영광에 비해 현대 이슬람세계는 종교, 경제, 정치, 군사, 문화 등 모든 면에서 퇴보하였기에 무력을 통해서라도 이를 바로 잡아 과거의 영화를 되살리려는 무슬림 사조를 살라피스트-지하디즘이라고 한다.

살라피즘 (Salafism) 살라프는 '선조, 조상'이라는 뜻의 아랍어다. 무슬림 전사들이 말하는 살라프는 예언자 무함마드와 함께한 사람들을 가리킨다. 예언자 전승에 따르면 무함마드는 자신과 함께한 사람들을 그 어느 시대의 사람들보다 뛰어난 사람들이라고 여겼다고 한다. 살라피즘은 이처럼 이슬람 역사에서 가장 황금시기였던 예언자 시대의 초기 이슬람공동체의 영광 재현을 목적으로 삼는 생각이나 사상을 의미하며, 정통칼리파 시대의 순수 이슬람으로 되돌아갈 것을 주장한다.

순니 이슬람의 거대 종파로 전 세계 무슬림의 85-90%를 차지한다. 원명은 '순나(전통)와 공동체의 사람들'이다. 흔히 순니파라고 부른다. 시아파와 달리 예언자 무함마드가 죽을 때 후계자를 지명하지 않았다고 믿는다. 자유의지를 강조하는 시아와 달리 신께서 모든 것을 정해 놓으셨다는 정명론(定命論)을 따른다. 또 시아와 달리 이맘의 인도를 인정하지 않는다.

시리아국민지원전선 아부 무함마드 앗-자울라니가 조직한 누스라 전선을 말한다. 반 아사드 정권을 외치던 시리아 민중의 지지 속에 급속하게 세력을 확장하여 반군 세력의 한 축을 형성하였다.

시아 순니와 함께 이슬람의 양대 산맥을 형성하는 종파. 전 세계 무슬림 인구의 약 10-15%를 차지한다. 시아는 아랍어로 '당파(黨派), 당(黨)'을 뜻한다. 시아트 알리, 즉 '알리를 따르는 당'이라는 말에서 파생되었다. 신께서 모든 것을 정해 놓으셨다는 정명론(定命論)을 따르는 순니와 달리 정명론을 인정하지 않는다. 정명론을 따를 경우 인간의 죄의 책임이 신에게 귀속될 가능성이 있기 때문이다. 대신 신의 정의(正義)를 강조한다. 시아는 이슬람의 예언자 무함마드가 632년 마지막 메카 순례를 마치고 메디나로 돌아오는 길에 가디르 쿰(Ghadir Khumm)이라는 곳에서 사촌동생이자 사위인 알리를 후계자로 지명했다는 하디스에 근거하여 알리를 이슬람공동체의 적법한 최초의 지도자로 인정한다. 시아는 알리와 예언자의 딸 파티마 사이에서 태어난 아들 하산과 후세인 및 그의 후손을 이맘으로 따르는데, 시아 이맘은 예언자의 피가 흐르는 후손으로 일반인과 달리 꾸란의 내밀한 의미를 해석할 수 있는 영적인 지도자다. 이란, 이라크에 집중 거주하는 12 이맘파 외에 자이디파, 이스마일리파가 있다. 시리아의 아사드 정권은 누사이리파인데, 20세기 초부터 알라위로 불렸다. 12이맘 시아파에서는 알라위를 넓은 의미에서 시아파로 인정한다.

아부 무스압 앗-자르까위 (Abu Musab al-Zarqawi, 1966-2006 요르단 출신 무슬림 전사로, 1999년 김선일 씨를 참수한 IS의 전신 '유일신과 성전'을 조직한 인물이다. 빈민가에서 자라 범죄를 일삼다가 1989년 아프가니스탄으로 가서 무장 투쟁에 참가한다. 이를 계기로 그의 인생 항로가 무슬림 전사로 바뀌었다. 본명은 아흐마드 파딜 앗-나잘 알-칼라일라(Ahmad Fadil al-Nazzal al-Khalaylah). 2006년 이라크 안가에 숨어 있다가 미 공군의 조준 폭격으로 사망하였다.

아부 무함마드 알-마끄디시 1959년생 팔레스타인계 요르단인으로 살라피 무슬림 사상가이자 전사이다. IS의 창시자 앗-자르까위에게 지대한 영향을 끼쳤으나, 아부 무스압 앗-자르까위가 신앙검증을 내세워 시아를 살해하자 결별하였다. 자신의 저서 『밀라트 이브라힘(Millat Ibrahim)』에서 사우디아라비아 왕가가 진정한 칼리파제 국가가 아니라고 공격하였다. 그가 저술한 책들은 1979년 메카의 대 모스크를 폭력적으로 탈취했던 폭동 주도자 주하이만 알-우타이비에게 영향을 미쳤고, 당시 폭동을 일으켰던 주동자들의 일부가 아라비아반도 알-카에다에 합류하기도 했다.

아부 무함마드 앗-자울라니 (Abu Muhammad al-Jawlani) 자울라니라는 말은 시리아 골란고원 출신이라는 의미다. 앗-자울라니는 시리아 출신으로 ISI, 즉 이라크 이슬람국가에서 활동하다가 시리아 내전으로 기회의 창이 열리자 ISI의 지도자 알-바그다디의 명령으로 부대를 이끌고 시리아로 들어갔다. 성공적인 군사작전을 통해 그는 누스라 전선을 만들고 시리아 내에서 통치 영역을 넓혔으나 의견 충돌로 IS와 결별하고 알-카에다 조직에 속해 있다.

아부 바크르 알-바그다디 (Abu Bakr al-Baghdadi) 아부 바크르 알-바그다디는 IS의 지도자로 2014년 6월 29일 스스로를 칼리파로 선언하면서 전 세계 무슬림을 이끄는 영도자로 자처하고 나섰다. 본명은 이브라힘 아와드 이브라힘 알리 무함마드 알-바드리 앗-사마르라이(Ibrahim Awwad Ibrahim Ali Muhammad al-Badri al-Samarai)로 알려져 있는데 1971년생이라고 한다.

알-카에다 (al-Qaidah) 아랍어로 '기지(基地)'라는 뜻. 2001년 9월 11일 뉴욕의 쌍둥이 빌딩과 국방부 청사 테러로 악명을 떨친 국제 무슬림 무장단체. 1979년 소련의 아프가니스탄 침공에 대항하기 위해 무슬림 전사들이 아프가니스탄으로 집결한 것을 계기로 만들어진 단체다. 오사마 빈 라덴이 지도자다. 단체의 목적은 무슬림세계를 여전히 지배하는 미국과 서구를 물리치고 이들에 복종하는 무슬림 정권을 종식하여 진정한 이슬람국가를 세우는 것. 오사마 빈 라덴은 2011년 5월 2일 파키스탄 아보타바드 은신처에서 미군에 의해 사살되었다.

앗-샤밥 (Al-Shabaab) 소말리아의 극단주의 무장단체. 앗-샤밥은 아랍어로 '청년'이라는 의미다. 지금은 사라진 이슬람법정연합의 급진청년파로 시작하였다. 앗-샤밥에는 많은 이웃 국가뿐 아니라 미국과 유럽 출신 외국인들이 가담하였는데, 전사 수는 모두 약 7,000-9,000명에 이르는 것으로 추정된다.

와하비 (Wahhabi) 사상 무함마드 압둘 와합(1703-1792)의 이슬람 사상을 일컫는 용어. 와하비 사상의 특징은 예언자 무함마드가 가르친 그대로 이슬람을 믿자는 내적 개혁 사상으로, 역사 속에서 발전해 온 이슬람의 다양한 종교사상과 전통을 불순한 것으로 간주하여 제거하는 극단주의적 성향을 지녔다. 수피와 시아가 이슬람을 타락시켰다고 여기고, 와하비 사상을 따르지 않는 무슬림을 불신자로 간주하는 극단적 면모를 지니고 있다.

이라크 무자히딘 슈라위원회 2006년 6월 미군의 공습으로 사망하기 직전 앗-자르까위가 이라크 내 다섯 개 무장 조직과 연계하여 만든 조직이다.

이코노미스트지 1843년 9월 제임스 윌슨이 창간한 영국의 시사 종합주간지. 전 세계적으로 주간 150만부가 판매될 정도로 영향력이 큰 매체다.

자유시리아군 (FSA) 2011년 시리아 내 민주주의 시위를 정부가 강경 진압하자 이에 맞서기 위해 12월에 결성한 반 정부군. 그러나 전투 능력 부족과 지휘력 부재로 효과적인 저항을 하지 못하고 있다.

자카트 (Zakat) 무슬림이 신앙인으로서 해야 할 다섯 가지 의무 중 하나인 희사(喜捨). 무슬림공동체를 위해 신자가 기꺼이 기부하는 행위를 말한다. 곡물, 동물, 현금 등으로 할 수 있는데 그 비율이 다르다. 현금의 경우 한해 수입액 중 모든 경비를 제한 순 수익의 2.5%를 신앙공동체의 가난한 사람들을 위해 자발적으로 낸다.

지하디스트 (Jihadist) 투쟁을 의미하는 아랍어 지하드와 사람을 의미하는 영어의 접미사 ist가 붙어 만들어진 아랍어-영어 조어로 지하드 전사, 즉 무슬림 무장 전사를 의미한다. 이들은 자신이 믿는 형태의 이슬람이 가장 순수한 신앙이라고 굳건히 믿고, 이슬람법에 따라 운영되는 이슬람국가를 만들고자 공격적 무장투쟁에 나선다.

지하디스트 훈련소 지하드를 위하여 군사와 종교 교육을 실시, 이슬람 전사를 양성하는 곳. 알-카에다는 아프가니스탄에 자체 훈련소를 운영하였고, IS의 창시자인 앗-자르까위도 여기에서 훈련을 받았다. 현재 IS도 이라크와 시리아에 여러 개의 훈련소를 운영하면서 전사들에게 군사와 종교교육을 시키고 있다.

칼리파 (Khalifah) '대리자, 후계자'라는 뜻을 지닌 아랍어. 영어로는 칼리프라고 한다. 632년 이슬람의 예언자 무함마드 사후 신앙공동체를 이끈 지도자를 '신의 사도의 대리자(Khaliifah Rasul Allah)'로 부른 데에서 파생된 말이다. 전 세계 무슬림 공동체의 지도자를 뜻한다.

타크피르 (takfir) 다른 사람을 불신자로 간주한다는 의미의 아랍어로, 나와 같은 신앙 전통에 속해 있어도 조금이라도 다르면 불신자로 여기는 신앙검증(信仰檢證) 행위를 말한다.

타크피리 (takfiri) 타인의 신앙을 나의 입장에서 재단하여 불신자로 간주하는 사람을 타크피리라고 한다. IS는 현재 무슬림의 신앙을 자신들의 입장에서 판단하여 신자와 불신자로 나누는 행위를 하고 있기에 타크피리라고 불린다.

탈레반 (Taliban) 파슈툰어로 '학생들'이라는 의미이며, 아랍어에서 파생된 말이다. 아프가니스탄에서 애꾸눈 종교지도자 오마르가 1994년 자신을 따르는 학생들을 모아 만든 이슬람 무장단체로, 혼란한 정정을 틈타 1996년부터 2001년까지 아프가니스탄을 지배하였다. 9·11 테러 이후 미국은 탈레반이 오사마 빈 라덴을 비롯한 알-카에다 지도부를 숨겨주고 있다고 보고 전격적으로 아프가니스탄을 침공, 탈레반 정권이 붕괴되었다. 이후 탈레반은 현재까지 지속적으로 무장 투쟁을 이어오고 있으며, 여전히 상당한 영향력을 발휘하고 있다.

할랍 (Halab) 시리아 북서부 도시로 할랍 주의 주도다. 영어로는 보통 알렙포(Aleppo)라고 한다. 시리아에서 가장 큰 도시로 인구는 200만이 넘는다. 고대로부터 유서 깊은 도시인데, 오스만제국 시대에는 이스탄불, 카이로 다음으로 큰 도시였다. 할랍이라는 이름은 고대로부터 내려온 도시명인데 어원은 불분명하다. '철, 동'을 뜻한다고 하기도 하고, 전설에 따르면 아브라함이 이 지역을 지나는 사람들에게 우유를 주었다고 해서 '우유를 주다'라는 의미라고도 한다.

후두드 (Hudud) 핫드(Hadd)의 복수형. '한계, 제한'이라는 뜻인데, 무엇보다도 신의 명령이나 법을 의미한다. 좁은 의미에서 반 종교 범죄에 대한 처벌을 가리킨다. 반 종교 범죄 행위는 불법적인 성행위, 불법적인 성행위를 했다고 거짓으로 고소하는 행위, 음주, 도둑질, 강도질 등을 뜻한다. 이에 대한 처벌은 돌로 쳐 죽이기, 십자가형, 참수, 손목과 발목 절단, 채찍질이다.

히즈라 (Hijrah) '이주, 이민'이라는 뜻을 지닌 아랍어. 이슬람 역사에서 622년 고향 메카에서 종교적 박해를 받은 무함마드가 무슬림들과 함께 메디나로 이주한 것을 가르친다. IS는 전 세계 무슬림을 향해 자신들이 다스리는 지역으로 이주해 올 것을 요구하고 있다. 이는 곧 자신들의 영역을 신앙의 지역이라고 보고, 다른 지역은 모두 불신의 땅으로 본다는 것을 의미한다.

주석

IS의 형성과 발전/ 서정민

1 Aaron Y. Zelin, "The War between IS and al-Qaeda for the Supremacy of the Global Jihadist Movement," *Research Notes* 20, The Washington Institute for Near East Policy (June 2014), p. 1.

2 Anthony Celso, *Al-Qaeda's Post-9·11 Devolution: the Failed Jihadist Struggle against the Near and Far Enemy* (London: Bloomsbury, 2014), p. 106.

3 Eli Alshech, "The Doctrinal Crisis within the Salafi-Jihadi Ranks and the Emergence of Neo-Takfirism," *Islamic Law and Society* 21 (2014), p. 8.

4 R. Jeffrey Smith, "Hussein's Prewar Ties to al-Qaeda Discounted," *The Washington Post*, 5 April 2007. http://www.washingtonpost.com/wp-dyn/content/article/2007/04/05/AR2007040502263.html (Accessed on 29 Octoberr 2014).

5 Liz Sly, "Al-Qaeda Disavows Any Ties with Radical Islamist ISIS Group in Syria, Iraq," *The Washington Post*, 3 February 2014.

6 "ISIL Says It Faces War with Nusra in Syria," *al-Jazeera*, 8 March 2014.

7 Pieter van Ostaeyen, "A Strategic Mistake – ISIS Beheads a Member of Harakat Ahrar al-Sham," *Pietervanostaeyen*, 13 Novermber 2013. http://pietervanostaeyen.wordpress.com/2013/11/13/a-strategic-mistake-isis-beheads-a-member-of-harakat-ahrar-as-sham/ (Accessed on 2 October 2014).

8 Thomas Gibbons-Neff, "ISIS: not Alone in Their Conquest of Iraqq," *The Washington Post*, 20 June 2014.

9 Zelin, "The Islamic State of Iraq and Syria has a Consumer Protection Office," *The Atlantic*, 13 June 2014. http://www.theatlantic.com/international/archive/2014/06/the-isis-guide-to-building-an-islamic-state/372769/. (Accessed on 7 November 2014).

10 Michael Holden, "Syrian Conflict Putting al-Qaeda Militants Closer to Europe," *Reuters*, 3 July 2013.

11 Kirstine Sinclair, "Whose Caliphate? The Ideology and Geo-politics of Islamic

State," *Analysis,* Center for Mellem ø ststdier (October 2014).

12 Issam Eido, "ISIS: The Explosion of Narratives – The Land of the Revolution between Political and Metaphysical Eternities," *Jadaliyya*, 3 October 2014.

IS의 이슬람국가/ 정상률

* 이 글은 『한국중동학회 논총』 제35권 3호에 게재한 'DABIQ에 나타 난 IS의 칼리파제론 연구'를 기본으로 하여 새로운 내용을 추가하여 편집 작성한 것임.

1 2015년 2월 중순까지 『다비끄』 제1호-제7호이 발간되었으며, 발간된 디지털 저널은 누구나 볼 수 있게 인터넷을 통해 공개해 왔음.

2 IS는 일종의 국명이고 Is는 국가-사회 관계에서 국가의 성격, 즉 국가의 이슬람적 성격, 국가의 이슬람화를 의미함. IS는 국명이 될 수 없음에도 불구하고 이 용어를 계속 사용하는 이유는 ISIL/ISIS(이라크-레반트 지역 또는 이라크-샴 지역)를 넘어서는 라쉬둔 칼리파조, 즉 정통칼리파 시대의 광범위한 영토, 또는 이를 넘어서서 서구 기독교 지역까지를 IS의 영역으로 하겠다는 의지를 표현한 것으로 판단됨. 2015년 2월에 IS는 "로마를 점령하겠다"고 공언했는데, 이러한 공언과 실행 의지는 IS의 디지털 저널인 『다비끄』에도 여러 차례 언급되어 있음.

3 The Center for the Prevention of Genocide, United States Holocaust Memorial Museum의 요청으로 작성된 외교관인 호프(Frederic C. Hof) 등이 작성한 논문의 제목이 "Sectarian Violence in Syria's Civil War: Causes, Consequences, and Recommendations for Mitigation"임

4 평화의 땅, 즉 이슬람지역을 의미함.

5 전쟁의 땅을 의미함. 비이슬람지역, 비 무슬림을 가리키는 말.

6 홍수는 성경에 나오는 노아와 방주를 비유적으로 표현한 것이며, 여기서 방주는 새로운 칼리파제를 의미함.

7 IS는 2014년 8월 초에 다비끄를 점령했으며, 그들은 성공한 종교 전투라고 주장함.

IS와 미디어 전략/ 김수완

1 정상률, "*Dabiq*에 나타난 IS의 칼리파제 정치사상 연구", 『한반도와 국제정치』, 한국국제정치학회, 2014.

2 윤민우, "이슬람국가에 대한 이해와 최근 이슬람 극단주의 테러리즘의 동향", 『한반도와 국제정치』, 한국국제정치학회, 2014.

3 http://rt.com/usa/240597-ciai-director-brennan-isis/

4 김미경, 김유정, 김정기, 김해원, 민병현, 『소셜미디어연구』, 커뮤니케이션북스, 2012.

5 시민기금. 웹사이트나 다른 온라인 도구를 통해 여러 사람으로부터 기금을 모아서 프로젝트의 자금을 대는 것.

6 Christoph Reuter, Raniah Salloum and Samiha Shafy. "Digital Jihad: Inside Islamic State's Savvy PR War," *Spiegel Online International*, 8 October 2014. http://www.spiegel.de/international/world/the-professional-pr-strategies-of-isis-in-syria-and-iraq-a-995611.html.

7 인남식, "공공의 적 IS··· 이슬람이 서구를 압도했던 중세로의 회귀 꿈꾼다", 〈조선일보〉, 2015년 2월 28일. http://news.chosun.com/site/data/html_dir/2015/02/27/2015022702397.html?news_Head1_01

8 Clint Watt. "ISIS Runs a Dark Media Campaign on Social Media," *NPR*, 6 September 2014. http://www.npr.org/2014/09/06/346299142/isis-runs-a-dark-media-campaign-on-social-media

9 Erik Qualman, *Socialnomics*. New Jersey: John Wiley & Sons, Inc., 2013.

10 인남식, "이라크 이슬람국가(IS, Islamic State) 등장의 함의와 전망", 『주요국제문제분석』, 국립외교원 외교안보연구소, 2014.

11 J. M. Berger and Jonathon Mrogan, "The ISIS Twitter census: Defining and describing the population of ISIS supporters on Twitterr," *Anaysis Paper* 20, The Brookings Project on U.S. Relations with the Islamic World (March 2015). http://www.brookings.edu/research/papers/2015/03/isis-twitter-census-berger-morgan.

12 Olivia Becker, "ISIS Has a Really Slick and Sophisticated Media Department," *Vice News*, 13 July 2014. https://news.vice.com/article/isis-has-a-really-slick-and-sophisticated-media-department.

13 Cahal Milmo, "ISIS Jihadists Using World Cup and Premier League Hashtags to Promote Extremist Propaganda on Twitter," *Independent*, 23 June 2014. http://www.independent.co.uk/news/world/middle-east/irq-crisis-exclusive-isis-jihadists-using-wrold-cup-and-premier-league-hashtags-to-promote-extremist-

propaganda-on-twitter-9555167.html.

14 http://edition.cnn.com/videos/business/2014/06/24/wbt-burke-isis-merchandise-for-sale-online.cnnISISmerchandise.

15 https://www.youtube.com/watch?v=6k_ecaCfC1c.

16 김수완, "IS(이슬람국가) 보도 프레임 연구", 『중동연구』 제33권 3호, 2015.

17 Christoph Reuter, Raniah Salloum, and Samiha Shafy. "Digital Jihad: Inside Islamic State s Savvy PR War," *Spiegel International Online*, October 8, 2014.

18 박현도. "IS에 대한 무슬림들의 반응: 126명 지식인의 공개 반박 서한", 한국국제정치학회 연례학술회의 발표문, 2014.

IS의 정치 군사적 테러리즘/ 이효분

1 "Islamic State of Iraq and the Levant." http://en.wikipediaorg/wiki/Islamic_State_of_Iraq_and_the_Levant Retrieved 15 November 2014.

2 이태윤, 2004, 『새로운 전쟁, 21세기 국제 테러리즘』, 서울: 도서출판 모시는사람들, 5쪽.

3 "Military Skill and Terrorist Technique Fuel Success of ISIS," *The New York Times,* 27 August 2014. Retrieved 7 March, 2015.

4 로레타 나폴레오니 지음, 이종민 옮김, 2004, 『모던 지하드; 테러, 그 보이지 않는 경계』, 서울: 시대의 창, 10-13쪽.

5 "Military of ISIL." http://en.wikipedia.org/wiki/Military_of_ISIL, Retrieved 25 Feb 2015.

6 Andrew Tilghman and Jeff Schogol, "How Ddid 800 ISIS Fighters Rout 2 Iraqi Divisions?" *Military Times*, 12 June 2014. Retrieved 10 March 2015.

7 Nadette de Visser, "Iraq's Terrorists Are Becoming a Full-Blown Army," *The Daily Beast*, 11 June 2014.

8 Alan Cowell, "Low-Grade Nuclear Material Is Seized by Rebels in Iraq, U.N. Says," *The New York Times*, 10 July 2014. Retrieved 20 January 2015.

9 IS 전투원 수에 대해, 미 CIA는 2014년 9월 이라크와 시리아에 2만-3.5만 명의 전투원들이 있을 것이라 추산했고, 시리아인권감시단(SOHR; Syrian Observatory for Human Rights)은 약 8만-10만(시리아에 5만, 이라크에 3만)으로 예측한 반면, 2014년 11월 한 쿠르드 인사는 IS의 전투원이 20만에 달한다고 밝혔다.

10 이라크와 시리아 이외에 ISIL에 충성 맹세한 그룹: 1.Wilayat Algeria: Jund al-Khilafah에서 조직, ISIL에 충성맹세를 한 이후로는 이전의 명칭인 Jund al-Khilafah(알제리)를 사용하지 않음. 2.Wilayat Barqa: Shura Council of Islamic Youth(리비아, 이슬람청년 슈라위원회)에서 조직. 3.Wilayat Sinai: Ansar Bait al-Maqdis(이집트 가자)의 조직원들 주축으로 조직 4.신원미상의 사우디아라비아와 예멘의 무장대원들 5.Sons of the Call for Tawhid and Jihad(요르단, 유일신과 성전을 요구하는 아들들) 6.Tehreek-e-Khilafat 와 Jamaat al-Aharar(파키스탄): ISIL에 충성맹세를 한 Jundallah 무장단체 7.Abu Sayyaf 무장단체(필리핀, 말레이시아) 8.체첸과 다게스탄의 코카서스 에미리트의 거의 모든 지휘관들이 그들의 충성심을 ISIL로 변경하고 있다.

11 Mike Giglio and Munzer al-Awad, "ISIS Operative: This Is How We Send Jihadis To Europe," *BuzzFeed News*, 30 January 2015. BuzzFeed. Retrieved 13 February 2015.

12 ISIL은 2013년 7월 타지와 아부그라이브 교도소를 동시에 습격하여 재소자 500명 이상을 탈출시켰는데 이중 상당수의 인원이 이라크 반군에 가담했던 군 출신들이었다.

13 Alex Bilger, "ISIS Annual Reports Reveal a Metrics-Driven Military Command," *Backgrounder*, Institute for the Study of War (22 May 2014). (http://www.understandingwar.org/sites/default/files/ISWBackgrounder_ISIS_Annual_Reports_0.pdf). Retrieved 6 July 2014.

14 Karl Vick and Aryn Baker, "Extremists in Iraq Continue March Toward Baghdad," *Time*, 11 June 2014.(http://time.com/2859454/iraq-tikrit-isis-baghdad-mousul/). Retrieved 23 June 2014.

15 외국인 전투원 출신국은 90여 개 국가에 이르고 주요 출신국은 이집트(1000-2000), 리비아(1100), 알제리(1000), 요르단(4200 이상), 아프가니스탄(135 이상), 유럽(1천-4천), 필리핀(300) 등이며 외국인 전투원수는 41,000-235,800명으로 추산하고 있다.

16 "Two Arab Countries Fall Apart," *The Economist*, 14 June 2014. Retrieved 18 July 2014.

17 IS 내 외국인 전투원들의 국적별 수: 사우디아라비아(7,000), 튀니지(2,400-5,000), 모로코(2,000), 러시아연합(1,000), 터키(1,000), 핀란드(50), 독일(550), 인도네시아(514), 영국(500), 프랑스(500), 보스니아와 헤르제고비아(350), 세르

비아(350), 중국(300), 벨기에(250-400), 필리핀(BIFF와 ASG대원 200), 코소보 (150), 스웨덴(150), 알바니아(140), 노르웨이(140), 캐나다(130), 네덜란드(130), 미국(100), 덴마크(100), 팔레스타인(70-80), 호주(70), 이스라엘(40-50), 스페인 (40), 몬테네그로(30), 아일랜드(25-30), 마세도니아(20), 인도(18-300), 포르투갈 (12), 일본(9)

18 Staff, "Islamic State said to be coaching Sinai militants," *Times of Israel*, 6 September 2014. http://www.timesofisrael.com. Retrieved 23 November 2014.

19 "미 국방, IS 격퇴 3년 안에 끝낼지 장담 못해", 〈동아일보〉, 2015년 3월 13일. (검색일: 2015. 3.13)

IS와 여성/ 오은경

1 IS라는 호칭 문제는 최근까지 국내 학계에서도 비판을 받고 있는 호칭이다. "이슬람"도 아니고, "국가"도 아닌 그들을 "이슬람국가" 즉, IS라고 불러주는 것 자체가 본인들의 의도와 요구를 인정하는 것이기 때문이다. 이 때문에 오바마 정부나 한국 정부는 공식적으로 레반트 지역이나 시리아로 한정된 IS라는 뜻으로 ISIL이나 ISIS라는 용어를 선택함으로써 가능한 한 그들의 의도를 외면하려 하고 있으며, 아랍국가에서는 "다이쉬"라는 용어를 쓰고 있다. 이 글에서는 언어의 사회성을 고려하여 이미 언론에서 널리 쓰고 있는 IS를 사용하기로 한다.

2 Http://www.yonhapnews.co.kr/bulletin/2015/02/06/0200000000AKR20150206 029300009.HTML?from=search, 연합뉴스, IS, 여성 지침서 발간… 여성 존재 목적은 후대 생산.

3 이슬람의 여성관에 대한 자세한 설명은 오은경, 『베일 속의 이슬람과 여성』, 서울: 프로네시스, 2006, 120-127쪽 참조.

4 이러한 히잡 착용은 다음과 같은 꾸란의 구절에 그 근거를 두고 있다: "믿는 여인들에게 눈을 아래로 뜨고, 정숙함을 지키며, 자연히 노출된 것 이외의 꾸밈새를 드러내지 말며, 얼굴 너울을 쓰고 가슴까지 내리우며 남편, 아버지, 시아버지, 아들, 남편의 아들, 형제, 자매의 아들, 여자종, 노비, 성적 욕망이 없는 남자종, 여인의 내정을 모르는 어린이 외의 다른 사람들 앞에서는 꾸밈새를 드러내지 말라 고 이르라…"(24장 31절), 『성 꾸란: 의미의 한국어 번역』, 최영길 번역 (파하드국왕꾸란출판청), 1997.

5 http://www.huffingtonpost.kr/news/is

6 Anthony Giddens, *The Transformation of Intimacy: Sexuality, Love & Eroticism in Modern Societies*, London: Polity Press, p.58.

7 엘리 자레스키(Eli Zaresky)는 〈자본주의, 가족, 개인생활〉에서 근대 사회의 특징인 공/사의 분열은 자본주의의 발전단계에서 나타난 것으로 개인생활이라는 새로운 국면을 출현시켜 가족을 사회화된 생산으로부터 고립시켰다고 주장한다. 이에 비해 미셸 바렛(Michel Barrett)이나 질라 아이젠슈타인, 하이디 하드만과 같은 사회주의 페미니스트들은 『마르크스주의와 페미니즘의 불행한 결혼』에서 공/사의 구분이 느긋한 시대에서 여성들에 대한 억압은 존재하였으며 사회주의 체제와 후기 자본주의사회에서 여성의 억압이 종식되지 않은 것은 자본주의만의 원인이 아니라고 주장하였다. 성별분업이 자본주의에 선행하며, 젠더 이데올로기를 자본주의가 이용은 하지만 자본주의에 의해 생성된 것은 아니라고 주장하면서 엥겔스와 자레스키에 반대하였다.

8 황영주, 「평화, 안보 그리고 여성: "지구는 내가 지킨다"의 페미니즘적 재정의」, 『국제정치논총』 제43집 1호, 한국국제정치학회, 2003에서 재인용.

IS에 대한 무슬림 지식인들의 반응/ 박현도

* 이 글은 학회에서 발표한 다음 논문을 바탕으로 작성하였다.

(1) 2014년 12월 6일 국립외교원에서 열린 2014 한국국제정치학회 연례학술회의 발표문 "IS에 대한 무슬림들의 반응: 공개 반박 서한."

(2) 2015년 3월 27일-28일 양일간 "한국 사회가 묻고 인문학이 답하다"라는 주제로 열린 인문한국(HK)연구소 공동학술심포지엄의 28일 제3부 학술발표 세션 4(지구촌의 소통과 공존)에서 발표한 "IS, 소통의 반면교사: 우리 아이들을 어떻게 지킬 것인가."

(3) 2015년 5월 16일 "IS와 이슬람세계"라는 주제로 열린 2015 한국이슬람학회 춘계학술대회에서 발표한 "다비끄(Dabiq)와 그리스도인 - IS는 그리스도인을 어떻게 보는가."

(4) 2015년 5월 22일 "글로벌시대 종교학 · 신학 · 교학 어떻게 만날 것인가"라는 주제로 열린 춘계종교학대회에서 발표한 "종교문맹(文盲)과 종교평화: 지식인 공개서한으로 본 IS의 이슬람 이해".

1 이들이 쓴 아랍어 원명은 앗-다울라툴 킬라파(al-Dawlat al-Khilāfah) 다. 우리말로는 칼리파 국가다. 이 글에서는 편의상 IS로 표기하겠다. 칼리파가 있는 정치

공동체가 킬라파(Khilāfah), 즉 칼리파 국가다.

2 칼리파는 순니 이슬람역사에서 정치적 의미로는 알라의 사도를 대신하는 지도자 (Khalīfat Rasūl Allah)를 의미한다. 대리자, 계승자라는 뜻으로, 이슬람의 예언자 무함마드 사후 예언자의 대리자로 무슬림공동체를 이끌던 지도자를 의미한다.

* 순니파의 칼리파, 시아파의 이맘은 모두 무슬림 공동체의 지도자인데, 둘의 차이는 다음과 같이 정리할 수 있다.

순니 칼리파	시아 이맘
법을 섬기는 자, 종	법해석의 권위자, 주인
사람들이 선출: 사람들의 뜻	이맘이 지명: 신의 행위
죄를 지면 제거: 없을 수도 있음	죄 없고 흠 없음: 언제나 존재

3 이슬람 역사상 최초의 칼리파는 아부 바크르(Abū Bakr)다. 632년부터 634년까지 무슬림 신앙공동체를 이끌었다. 마지막 칼리파는 오스만제국의 압뒬메지드 2세(Abdülmecid II, 1868-1944)다. 공화국의 새로운 지도자 무스타파 케말 파샤의 뜻에 따라 1924년 3월 3일 터키 국회는 칼리파제도를 폐지하여 무슬림세계에서 엄밀한 의미의 칼리파가 사라졌다. 당시 오스만제국에 반기를 들고 있었던 오늘날 사우디아라비아 히자즈 지역 지도자 후세인 이븐 알리(Hussayn b. 'Alī, 1854-1931)가 칼리파로 자처하였지만 유명무실하였다. 터키가 칼리파제를 폐지한 이래 이슬람세계의 중흥을 꿈꾸던 무슬림 사상가나 운동가들이 칼리파 재건을 외쳤지만, 민족국가가 성립하여 발전하면서 전 무슬림세계를 아우르는 칼리파 옹립은 실현불가능한 일이 되었다. 이러한 상황에서 전 세계 무슬림의 지지를 얻고자 IS가 과감하게 이슬람법이 지배하는 칼리파제 건립을 공개적으로 표방하고 나선 것이다.

4 Daish / Daesh (al-Dawlat al-Islāmiyyah fī al-ʿIrāq wa al-Shām)

5 2014년 9월 19일 전 세계 126명의 무슬림 학자와 지도자가 서명한 공개서한. Open Letter to Al-Baghdadi. http://lettertobaghdadi.com/ (검색일: 2014. 9.30) 2015년 6월 16일 현재 서명자는 기존 126명에서 49명이 더 증가한 174명이다.

6 역사해석학이란 과거에 무슨 일이 일어났는지 밝히고, 이를 현대에 어떻게 알아듣고 적용할 수 있는지 궁구하는 것이다. 126명의 무슬림 지식인이 서명한 공개서한은 바로 역사해석학적인 시각에서 과거 전통을 현대에 적용하면서 IS의 만행을 비판하고 있다.

7 요약문 조항: 1. 이슬람은 법학공부를 하지 않고 파트와(fatwā: 이슬람법해석

문)를 발행하는 것을 금지한다. 파트와는 전통적인 법률서에서 명시한대로 이슬람법리론을 준수해야 한다. 법률적 판결을 내리기 위해 그 문제와 관련해서 꾸란과 하디스(ḥadīth: 예언자 무함마드의 언행을 기록한 전승)가 가르치는 모든 것을 살펴보지 않고 꾸란 구절이나 어느 구절의 일부를 인용하는 것은 금지된다. 다른 말로 하자면, 파트와에는 엄격하게 주관적이고 객관적인 조건이 따르기에 꾸란과 하디스 전반을 고려하지 않고 법적인 논쟁을 위해 자의적으로 꾸란 구절을 재단할 수는 없다는 말이다.

2. 아랍어를 모르면서 판결을 내려서는 안 된다.

3. 이슬람법을 단순화하고 이슬람학문의 전통을 무시해서는 안 된다.

5. 현실을 무시한 법적 판단을 내려서는 안 된다.

6. 이슬람은 무고한 사람을 살해하는 것을 금한다.

16. 이슬람은 정의와 자비의 원칙을 엄수하지 않은 채 시행되는 후두드(ḥudūd) 처벌을 금한다(필자주: 여기서 후두드란 간통, 살인 등 특정 범죄행위에 부여된 고정적인 처벌을 의미하는데 사형, 신체절단, 투석형 등을 부과한다).

17. 이슬람은 고문을 금한다.

18. 이슬람은 사체 훼손을 금한다.

19. 이슬람은 사악한 행동을 하나님께 돌리는 것을 금한다.

8 요약문 조항: 7. 특사, 대사, 외교관, 언론인, 구호단체 요원을 죽여서는 안 된다.

9 요약문 조항: 8. 이슬람에서 지하드(jihād)는 방어적 전쟁으로 바른 동기, 목적, 행동원칙 없이 허락되지 않는다.

10 요약문 조항: 10. 이슬람은 그리스도인이나 경전의 백성을 어떤 식으로든 해하거나 학대하는 것을 금한다.

11. 야지디(Yazidi)를 경전의 백성으로 간주하여야 한다.

12. 노예제는 모두의 동의하에 폐지된 것으로 재도입을 금지한다.

13. 이슬람은 강제 개종을 금한다."

11 무함마드 이븐 압드 알-와합(Muḥammad b. ʿAbd al-Wahhāb, 1703-1792)의 이슬람 사상을 계승한다고 하여 와하비(Wahhābī)라고 불린다.

12 사우디아라비아 정부는 공식적으로 IS를 살인자로 간주한다. Mohammed bin Nawaf Al Saud, "Saudi Arabia Does Not Support Islamic State Terrorists – or Any Others," *The Guardian*, 14 August 2014.
http://www.theguardian.com/world/2014/aug/17/saudi-arabia-not-support-islamic-state-terrorists (검색일: 2014. 8.20)

13 요약문 조항: 4. 모든 무슬림이 반드시 알아야할 근본적인 것 외에는 학자들이 의견을 달리 할 수 있다.

　　9. 이슬람은 스스로 불신자라고 선언하기 전까지는 무슬림이 아니라고 공포하는 것을 금한다.

　　20. 이슬람은 여러 예언자 및 예언자 동료의 무덤과 성묘를 파괴하는 것을 금한다.

　　24. 예언자 무함마드 사후 이슬람은 이주를 요구하지 않는다.

14 요약문 조항: 14. 이슬람은 여성의 권리를 부정하는 것을 금한다.

　　15. 이슬람은 아이들의 권리를 부정하는 것을 금한다.

15 요약문 조항: 21. 통치자가 명백하게 불신을 표방하고 사람들이 예배를 못하도록 하지 않는 한 이슬람은 무장봉기를 금한다.

　　22. 모든 무슬림의 동의 없이 칼리파 국가 설립을 선언하는 것을 이슬람은 금한다.

　　23. 이슬람은 국가에 충성하는 것을 허용한다."

16 "The Saying of Ali bin Abi Talib (k.)," *Open Letter to Al-Baghdadi*. http://lettertobaghdadi.com/ (검색일: 2014. 9.30)

17 그리스도교의 성서에는 적힌 그대로 적용하면 곤란한 구절들이 있다. 그리스도교 구약성서 신명기 32장 41-42절: "서슬이 퍼렇게 칼날을 세워 재판에 손을 대어 원수들에게 보복하리라. 나를 미워하는 자에게 앙갚음하리라. 내 화살은 피를 마셔 취하고 내 칼은 고기를 먹어 배부르리라. 전사자와 포로들의 피로 취하고 헝클어진 적의 머리로 배부르리라." 그리스도교 신약성서 마태오 10장 34절: "내가 세상에 평화를 주러 온 줄로 생각하지 마라. 평화가 아니라 칼을 주러 왔다."

18 스페인 남부 이베리아반도 지역은 711년-1492년까지 무슬림이 지배하였다.

19 *Dabiq* 1 (Ramadan 1435), p.10.

20 IS의 종말론 전쟁의 근거가 되는 하디스는 무슬림이 수집한 하디스에 실려 있다. Nasiruddin al-Khattab, tr., *English Translation of Sahīh Muslim*, v.7, pp.291-296 (Riyadh, Saudi Arabia: Darussalam, 2007).

21 *Dabiq* 1, p.2

22 *Dabiq* 4, p.35

23 *Dabiq* 4, p.34

24 Ignaz Goldziher, *Introduction to Islamic Law and Theology*, translated by Anras and Ruth Hamori (Princeton, New Jersey: Princeton University Press, 1981), p.110; Muḥammad ʿAbuduh, *Al-Islām wa'l-naṣrāniyyah maʿa'l-ʿilm wa'*

l-madaniyyah (Cairo, n.d.), p.56.

25 Ignaz Goldziher, *Introduction to Islamic Law and Theology*, p.93.

26 미국 퓨리서치센터(Pew Research Center)의 통계에 따르면 2010년 세계 종교
인 분포 순위는 다음과 같다. ① 그리스도교 31.5%, ② 이슬람교 23.2%, ③ 힌두
교 15.0%, ④ 불교 7.1%, ⑤ 유대교 0.2%, ⑥ 민속종교 5.9%, ⑦ 기타종교 0.8%,
⑧ 비종교인 16.3%.
Pew Research Center, "The Global Religious Landscape."
http://www.pewforum.org/2012/12/18/global-religious-landscape-exec/ (검색
일: 2014. 9. 1)

IS와 아랍 언론/ 임병필

1 이 글에 사용된 캐리커처는 웹사이트(http://www.arabcartoon.net/ar/np/all/
all)에서 사우디아라비아, 이집트, 요르단, 아랍에미리트, 모로코, 쿠웨이트, 카
타르의 주요 일간지들에 게재된 것들 중 IS에 관한 내용만 수집한 것이다. 수집
기간은 2014년 6월 1일부터 10월 25일까지이다. 한편 캐리커처를 직접 보여주
지 못하는 것은 저작권 보호로 인한 것이다.

2 아랍어로 '옮기다'라는 뜻으로써, 문서 없이 서로의 신뢰만을 근거로 거래하는
중동・아프리카의 비공식적 금융체계이다.

IS와 테러/ 김종도

1 히브리성서(그리스도교의 구약성서)에 따르면 인류의 시조인 아담와 이브의 큰
아들인 카인은 목축에 종사하였고 둘째 아들인 아벨은 농업에 종사하였다. 각
자 자신의 소출을 하나님께 제사를 드렸는데 하나님이 아벨의 제물만 받고 카
인 것은 받지 않았다. 이에 격분한 카인이 자신의 동생을 돌로 때려 죽인 사건이
바로 인류 최초의 살인사건이자 테러로 볼 수 있다.

2 최근 나이지리아의 북동부에 근거를 두고 있는 2001년에 조직된 이슬람 극단적
인 무장단체인 보코 하람(Boko Haram)도 IS에 충성을 맹세하였다. 보코는 하우
사어로 '서양식의 비 이슬람교육'이란 의미이며 하람은 아랍어로 '금지'란 의미
이다.

3 물론 살만이 실제로 처형 받은 것은 아니지만 이슬람권의 분노가 극에 달했음

을 상징적으로 보여준다.

4 무함마드 만평사건부터 오페라 취소가지 내용은 필자의 공저인 『유대교와 이슬람, 금기에서 법으로』171-176쪽을 인용한 것임.

5 이슬람 법학자(Mufti)가 이슬람법에 저촉되는지의 여부를 의견을 내놓는 것이며 단지 종교적 답변에 불과하며 최종적인 법적 판결은 아니다.

6 이슬람 입장에서는 순교자일 수도 있음.

7 덴마크 극우파 정부는 2002년 이민억제책을 발표하였는데 덴마크 인구의 5%가 외국인이며 그 가운데 2%가 이슬람권 사람들이다. 파키스탄이나 이슬람권 여자들과 결혼하지 못하도록 취한 강경책이라고 하여 유럽연합(EU)나 국제 엠네스티 등에서도 인권유린이라는 말이 나오기도 하였다.

8 이 외에도 무함마드는 "조상이 있는 집에는 천사가 들어가지 않는다", "부활의 날에 조상을 만드는 자는 조상을 조상이 숨을 쉬도록 요구받을 것이나 결코 그는 그것을 하지 못한다"라고 말했다고 한다.

9 http://www.chosun.com/international/news/200609/200609160026.htmldptj

10 http://www.segye.com/Articles/News/International/Article.asp?aid=20061009 000283&ctg1=01&ctg2=00&subctg1=01&subctg2=00&cid=0101040100000&data id=200610092104000352

11 독일내에서 이번 공연 취소에 대하여 '올바른 결정이라고 생각하는가'라는 공영방송 ARD의 온라인 설문조사 결과에 의하면, 전체 응답자(14,156명, 2006년 9월 29일 현재)의 87.4%는 아니오, 11.3%는 예 라고 대답했다. 이 같은 결과가 높은 예술 수준인지 이슬람에 대한 부정적 편견인지는 당사자들만이 알 뿐이다.

참고문헌

IS의 형성과 발전/ 서정민

Alshech, Eli. "The Doctrinal Crisis within the Salafi-Jihadi Ranks and the Emergence of Neo-Takfirism." *Islamic Law and Society* 21 (2014): 1-34.

Barnett, Richard. *Foreign Fighters in Syria*. New York: The Soufan Group, 2014.

Berman, Sheri. "Islamism, Revolution and Civil Society." *Perspectives on Politics* 1 (2003): 257-272.

Burke, Jason. "Al Qaeda." *Foreign Policy* (May-June 2004),

Cavatorta, Francesco. "The War on Terrorism: Perspectives from Radical Islamic Groups." *Irish Studies in International Affairs* 16 (2005): 35-50.

Celso, Anthony. *Al-Qaeda s Post-9 · 11 Devolution: the Failed Jihadist Struggle against the Near and Far Enemy*. London: Bloomsbury, 2014.

Gambhir, Harleen. "*Dabiq*: The Strategic Messaging of the Islamic State." *Backgrounder*, Institute for the Study of War (15 August 2014).

Gerges, Fawaz A. "The Future of Al Qaeda." *Democracy: A Journal of Ideas* 22 (Autumn 2011). http://www.democracyjournal.org/22/the-future-of-al-qaeda. php (Accessed on 12 November 2014.)

_____. *The Far Enemy: Why Jihad Went Global*. Cambridge: Cambridge University Press, 2009.

Hegghammer, Thomas. "The Rise of Muslim Foreign Fighters: Islam and the Globablization of Jihad." *International Security* 35 (2010): 53-94.

_____. "Global Jihadism after the Iraq War." *The Middle East Journal* 60 (Winter 2006): 11-32.

Hossal, Robert. "The Evolution of Al Qaeda's Strategy after Afghanistan." *SmartWar.org*. 27 February 2012. http://www.smartwar.org/2012/02/the-evolution-of-al-qaedas-strategy-after-afghanistan/ (Accessed on 29 October 2014].

Kaplan, Eben. "The rise of al-Qaedaism." *Council on Foreign Relations* (2007). http://www.cfr.org/terrorist-organizations-and-networks/rise-al-qaedaism/

p11033 (Accessed on 29 October 2014).

Katzman, Kenneth, Christopher Blanchard, Carla Humud, Rhoda Margesson, and Alex Tiersky. "The Islamic State Crisis and U.S. Policy." *Congressional Research Service* (22 October 2014).

McCormick, Gordon and Giordano, Frank. "Things Come Together: Symbolic Violence and Guerrilla Mobilisation." *Third World Quarterly* 28 (2007): 295-320.

Qutb, Sayyid. *Milestones*. Damascus: Dar al-Ilm, 2007.

Sageman, Marc. "The Next Generation of Terror." *Foreign Policy* (March/April, 2008). http://www.foreignpolicy.com/articles/2008/02/19/the_next_generation_of_terror (Accessed on 10 November 2014).

Sageman, Marc. *Understanding Terror Networks*. University of Pennsylvania Press, 2004.

Saltman, Erin and Winter, Charlie. "Islamic State: The Changing Face of Modern Jihadism." *Quilliam* (November 2014): 1-72.

Sinclair, Kirstine. "Whose Caliphate? The Ideology and Geo-politics of Islamic State." *Analysis*. Mellemøststudier (October 2014).

Wiktorowicz, Quintan. "A Genealogy of Radical Islam." *Studies in Conflict & Terrorism* 28 (2005): 75-97.

Zaidi, Manzar. "A Taxonomy of Jihad." *Arab Studies Quarterly* 31 (2009): 21-34.

Zelin, Aaron Y. "The War between IS and al-Qaeda for Supremacy of the Global Jihadist Movement." *Research Notes* 20. The Washington Institute for Near East Policy (June 2014).

_____. "The Islamic State of Iraq and Syria Has a Consumer Protection Office." *The Atlantic*, 13 June 2014. http://www.theatlantic.com/international/archive/2014/06/the-isis-guide-to-building-an-islamic-state/372769/. (Accessed on 7 November 2014).

IS의 이슬람국가/ 정상률

거스 마틴 저, 김계동 · 김석우 · 이상현 · 장노순 · 전봉근 역, 『테러리즘: 개념과 쟁점』, 서울: 명인문화사, 2008.

문순홍, "녹색국가 논의의 구조와 과정", 바람과물연구소 편, 『한국에서의 녹색정치, 녹색국가』, 도서출판 당대, 2002.

박상섭 편, 『국가권력과 계급권력: 현대 마르크스 국가론 논쟁』, 서울: 도서출판 한울, 1985.

손주영, 『이슬람 칼리파제도』, 서울: 민음사, 1997.

손호철, "국가자율성 개념을 둘러싼 제문제들: 개념 및 이론적 문제를 중심으로", 『한국정치학회보』 제23집 2호, 1989.

인남식, "이라크 이슬람국가(IS, Islamic State) 등장의 함의와 전망", 국립외교원 외교안보연구소 편, 「주요국제문제분석」 No. 2014-30, 2014.

정상률, "마우두디의 정치경제사상: 이슬람국가론을 중심으로", 『한국중동학회논총』 제33권 제1호, 31-58, 2012.

_____, 『이슬람국가론과 지대국가론』, 파주: 한국학술정보(주), 2013.

_____, "깊은 수렁으로 빠져드는 IS와의 전쟁, 그 함의와 우리에게 주는 시사점", 국방대학교 국가안전보장연구소 「안보현안분석」 vol 100, 5-8, 2014.

Berger, J. M. "The Islamic State vs. al-Qaeda." *Foreign Policy* (September 2014).

The Clarion Project. "Fact Sheet: The Islamic State (ISIS, ISIL)." 2014. (http://www.clarionproject.org/sites/default/files/islamic-state-isis-isil-factsheet-1.pdf 2014.11.25.)

CNBC. "Iran seeks give and take on militants, nuclear program." (http://www.cnbc.com/id/102019065 2014.9.21)

_____. "How ISIS managed to acquire $2B in assets." (http://www.cnbc.com/id/101761986# 2014.6.16)

CNN. "ISIS Can Muster between 20,000 and 31,500 Fighters, CIA Says." (http://edition.cnn.com/2014/09/11/world/meast/isis-syria-iraq 2014.9.12)

Friedman, George. "The Islamic State Reshapes the Middle East." *Stratfor.* 2014. (http://www.stratfor.com/weekly/islamic-state-reshapes-middle-east#axzz3K17snwqD 2014.11.25)

Gambhir, Harleen K. "Dabiq: The Strategic Messaging of the Islamic State." *Backgrounder.* Institute for the Study of War (15 August 2014).

Gibb, Hamilton Alexander Rosskeen. "al-Mawardi's Theory of Caliphate." *Islamic Culture* 11: 3 (1937).

_____, Hamilton Alexander Rosskeen. "al-Mawardi's Theory of Caliphate." Shaw,

Stanford J. and Poll, William R. eds. *Studies on the Civilization of Islam*. Boston: Beacon Press, 1962.

Hamid, Eltigani Abdulqadir. "Al-Mawardi's Theory of State: Some Ignored Dimensions." *The American Journal of Islamic Social Sciences* 18:4 (2001).

Hof, Frederic C. and Alex Simon. "Sectarian Violence in Syria's Civil War: Causes, Consequences, and Recommendations for Mitigation." A Paper Commissioned by The Center for the Prevention of Genocide, United States Holocaust Memorial Museum. 2012.

International Business Times.
(http://www.ibtimes.co.uk/islamic-states-women-warriors-how-fierce-al-khansa-battalion-was-borne-out-repression-1461016 2014.8.13)

IS. *Dabiq* 1 (Ramadan 1435), 2 (Ramadan 1435), 3 (Shawwāl 1435), 4 (Dhul-Hijjah 1435), 5 (Muharram 1436), 6 (Rabi' al-Awwal 1436), 7 (Rabi' al-Akhir 1436), 8 (Jumada al-Akhirah), 9 (Sha'ban 1436).

Kaplan, Robert D. "Syria: Identity Crisis." The Atlantic, February 1993.
(http://www.theatlantic.com/magazine/archive/1993/02/syria-identity-crisis/303860/ 2014.12.10)

Khan, Qamar-ud-Din. *Al-Mawardi's Theory of the State*. Islamic Book Foundation, 1983.

_____. *Al-Mawardi's Theory of The State*. Lahore: Islamic Book Foundation, 2008.

Lambton, Ann K. S. *State and Government in Medieval Islam*. Oxford: Oxford University Press, 1981.

al-Mawardi. *Al-Ahkam al-Sultaniyya. The Ordinances of Government* (The Laws of Islamic Governance). Translated in English by Asadullah Yate, London: Ta Ha Publishers Ltd, 1996.

_____. Al-Ahkam *al-Sultaniyya. The Ordinances of Government*. Translated in English by Wafaa H. Wahba, London: Garnet Publishing Ltd, 1996.

Merriam, Charles E. *Political Power*. New York: Collier-Macmillan, Ltd., 1964.

Mikhail, Hanna. *Politics and Revelation: Mawardi and After*. Edinburgh University Press, 1995.

Naji, Abu Bakr. *Idarah al-Tawahhush: Akhtar Marhalah Satamurru biha al-Ummah (The administration of savagery: the most dangerous phase through which the ummah will pass).* N.p.: Markaz al-Dirasat wa al-Buhuth al-Islamiyyah, Nd.

Oakford, Samuel. "Islamic State: Foreign Fighters Are Flooding Into Iraq and Syria to Join the Islamic State."
(https://news.vice.com/article/foreign-fighters-are-flooding-into-iraq-and-syria-to-join-the-islamic-state 2014.11.18)

Palmer, Monte. *The Politics of the Middle East.* Thomson Wadsworth.

Phillips, A. "The Islamic State's Challenge to International order." *Australian Journal of International Affairs* 68: 5 (2014): 495-498.

Press TV, "There is no parallel between ISIL and Viet Kong: Don DeBar."
(http://www.presstv.ir/detail/2014/09/21/379452/isil-is-construct-of-cia-us-journalist/ 2014.9.21).

Rosenthal, Erwin I. J. *Political Thought in Medieval Islam: An Introductory Outline.* Cambridge: Cambridge University Press, 1962.

_____. Political Thought in Medieval Islam: An Introductory Outline. Cambridge: Cambridge University Press, 2009.

Ryan, Michael W. S. *"Dabiq*: What Islamic State s New Magazine Tells Us about Their Strategic Direction, Recruitment Patterns and Guerrilla Doctrine." *Terrorism Monitor.* 1 August 2014. (http://www.jamestown.org/programs/tm/single/?tx_ttnews%5Btt_news%5D=42702&cHash=0efbd71af77fb92c064b9403dc8ea838 2014.11.24).

_____. Decoding al-Qaeda's Strategy: The Deep Battle Against America. New York: Columbia University Press, 2013.
(http://www.tawhed.ws/a?a=chr3ofzr 2014.12.12)

Sarkhasi. "Shams al-Din." *Al-Mabsut.* Vol 14.
(http://www.islamreligion.com/articles/376 2014.10.10).

Wagemakers, Joas. *A Quietist Jihadi: The Ideology and Influence of Abu Muhammad al-Maqdisi.* Cambridge and New York: Cambridge University Press, 2012.

The Wall Street Journal. "U.S. Aims to Degrade and Destroy Militants."(http://online.wsj.com/articles/obama-says-us-aims-to-shrink-islamic-states-sphere-of-influence-1409743189 2014.9.3).

_____ "Islamic State Economy Runs on Extortion, Oil Piracy in Syria, Iraq."

(http://online.wsj.com/articles/islamic-state-fills-coffers-from-illicit-economy-in-syria-iraq-1409175458 2014.8.28).

Warrior Publications.
(https://warriorpublications.wordpress.com/2014/10/25/kurdish-women-warriors-fighting-islamic-state-in-syria-and-iraq/ 2014.9.5)

Wikipedia. "Jama at al-Tawhid wal-Jihad."
(http://en.wikipedia.org/wiki/Jama at_al-Tawhid_wal-Jihad 2014.11.4).

Yate, Asadullah. *Al-Ahkam Al-Sultaniyyah: The Laws of Islamic Governance.* London: Ta-Ha Publishers, 1996.

Zahid, Farhan. "The Caliphate in South Asia: A Profile of Hizb-ut Tahrir in Pakistan." *Terrorism Monitor* 12, no. 14 (10 July 2014): 4-5.

2005년 7월 9일 아부 모함마드(Abu Mohammad)가 앗-자르까위(Abu Musab al-Zarqawi)에게 보낸 편지
(https://web.archive.org/web/20120119014714/http://www.dni.gov/press_releases/letter_in_english.pdf. 2014.11.4).

IS의 미디어 전략/ 김수완

김미경, 김유정, 김정기, 김해원, 민병현, 『소셜 미디어 연구』, 커뮤니케이션북스, 2012.

김수완, "IS(이슬람국가) 보도 프레임 연구", 『중동연구』 제33권 3호, 2015.

박현도, "IS에 대한 무슬림들의 반응: 공개 반박 서한", 2014년 12월 6일 한국국제정치학회 연례학술회의 발표문.

윤민우, "이슬람 국가에 대한 이해와 최근 이슬람 극단주의 테러리즘의 동향", 2014 한국국제정치학회 발표 논문집, 『한반도와 국제정치』.

인남식, "공공의 적 IS… 이슬람이 서구를 압도했던 중세로의 회귀 꿈꾼다", 〈조선일보〉, 2015년 2월 28일.
http://news.chosun.com/site/data/html_dir/2015/02/27/2015022702397.html?news_Head1_01

인남식, "이라크 '이슬람 국가(IS, Islamic State)' 등장의 함의와 전망", 주요국제문제분석, 국립외교원 외교안보연구소, 2014.

정상률, "DABIQ에 나타난 IS의 칼리파제 정치사상연구", 2014 한국국제정치학회

발표 논문집, 『한반도와 국제정치』.

Becker, Olivia. "ISIS Has a Really Slick and Sophisticated Media Department." *Vice News*, 13 July 2014.
   https://news.vice.com/article/isis-has-a-really-slick-and-sophisticated-media-department.

Berger, J. M. and Jonathon Mrogan. "The ISIS Twitter census: Defining and describing the population of ISIS supporters on Twitter." *Anaysis Paper* 20. The Brookings Project on U.S. Relations with the Islamic World (March 2015).
   http://www.brookings.edu/research/papers/2015/03/isis-twitter-census-berger-morgan

Milmo, Cahal. "ISIS Jihadists Using World Cup and Premier League Hashtags to Promote Extremist Propaganda on Twitter." *Independent*, 23 June 2014.
   http://www.independent.co.uk/news/world/middle-east/irq-crisis-exclusive-isis-jihadists-using-wrold-cup-and-premier-league-hashtags-to-promote-extremist-propaganda-on-twitter-9555167.html

Qualman, Erik. *Socialnomics*. New Jersey: John Wiley & Sons, Inc., 2013.

Reuter, Christoph, Raniah Salloum, and Samiha Shafy. "Digital Jihad: Inside Islamic State's Savvy PR War." *Spiegel Online International*, 8 October 2014.
   http://www.spiegel.de/international/world/the-professional-pr-strategies-of-isis-in-syria-and-iraq-a-995611.html

RT. "CIA Director Blames Social Media for Strength of ISIS." 13 March 2015.
   http://rt.com/usa/240597-ciai-director-brennan-isis/(검색: 2015년 4월 10일)

Watt, Clint. "ISIS Runs a Dark Media Campaign on Social Media." *NPR*, 6 September 2014.
   http://www.npr.org/2014/09/06/346299142/isis-runs-a-dark-media-campaign-on-social-media

IS의 정치 군사적 테러리즘/ 이효분

로레타 나폴레오니 저, 이종민 옮김, 『모던 지하드; 테러, 그 보이지 않는 경계』, 서울: 시대의 창, 2004.

이태윤, 『새로운 전쟁, 21세기 국제테러리즘』, 서울: 도서출판 모시는사람들, 2004.

미 국방, 'IS 격퇴 3년 안에 끝낼지 장담 못해', 〈동아일보〉, 2015.3.13. 검색.

Bilger, Alex. "ISIS Annual Reports Reveal a Metrics-Driven Military Command." 22 May 2014.
(http://www.understandingwar.org/sites/default/files/ISWBackgrounder_ISIS_ Annual_Reports_0.pdf). Institute for the Study of War. Retrieved 6 July 2014.

Cowell, Alan. "Low-Grade Nuclear Material Is Seized by Rebels in Iraq, U.N. Says." *The New York Times*, 10 July 2014. Retrieved 15 July 2014.

Giglio, Mike and Munzer al-Awad. "ISIS Operative: This Is How We Send Jihadis To Europe." *BuzzFeed News, 30 January 2015.* Retrieved 13 February 2015.

Lake, Eli, Jamie Dettmer, Nadette De Visser. "Iraq's Terrorists Are Becoming a Full-Blown Army." *The Daily Beast*, 11 June 2014. Retrieved 15 July 2014.

Staff. "Islamic State said to be coaching Sinai militants." *Times of Israel*, 6 September 2014. Retrieved 23 November 2014. www.timesofisrael.com.

Tilghman, Andrew and Jeff Schogol. "How Did 800 ISIS Fighters Rout 2 Iraqi Divisions?" *Military Times, 12 June 2014.* Retrieved 14 June 2014.

Vick, Karl and Aryn Baker. "Extremists in Iraq Continue March Toward Baghdad." *Time*, 11 June 2014. (http://time.com/2859454/iraq-tikrit-isis-baghdad-mousul/). Retrieved 23 June 2014.

"Military Skill and Terrorist Technique Fuel Success of ISIS." *The New York Times*, August 2014. Retrieved 10 March 7 2015.

"Military of ISIL." http://en.wikipedia.org/wiki/Military_of_ISIL. Retrieved 25 February 2015.

"Two Arab Countries Fall Apart." *The Economist*, 14 June 2014. Retrieved 18 July 2014.

IS와 여성/ 오은경

엘리 자레스키, 김정희 옮김, 『자본주의, 가족, 개인생활』, 서울: 한마당, 1983.

〈연합뉴스〉, "IS 여성으로 사는 법… 9세 결혼, 외부활동 'No'." 2015년 2월 6일.

http://www.yonhapnews.co.kr/bulletin/2015/02/06/0200000000AKR2015020
6029300009.HTML?from=search

오은경,『베일 속의 이슬람과 여성』, 서울: 프로네시스, 2006.

최영길 옮김,『성 꾸란: 의미의 한국어 번역』, 사우디아라비아 메디나: 파하드국왕
꾸란출판청, 1997.

황영주, "평화, 안보 그리고 여성: "지구는 내가 지킨다"의 페미니즘적 재정의",『국
제정치논총』제43집 1호 (한국국제정치학회, 2003).

Barrett, Michele. *Women's Oppression Today: Problems in Marxist Feminist
Analysis*. London: Verso, 1980.

Eisenstein, Zillah. *The Radical Future of Liberal Feminism*. New York: Longman,
1981.

Giddens, Anthony. *The Transformation of Intimacy: Sexuality, Love & Eroticism in
Modern Societies*. London: Polity Press, 1992.

Hartmann, Heidi. "The Unhappy Marriage of Marxism and Feminism: Towards a
more Progressive Union." *Capital and Class* 3:2 (1979): 1-33.

IS에 대한 무슬림 지식인들의 반응/ 박현도

박현도, "IS에 대한 무슬림들의 반응: 공개 반박 서한", 2014년 12월 6일 한국국제
정치학회 연례학술회의 발표문.

_____, "IS, 소통의 반면교사: 우리 아이들을 어떻게 지킬 것인가", 2015년 3월 28
일 인문한국(HK)연구소 공동학술심포지엄 발표문.

_____, "다비끄(Dabiq)와 그리스도인 - IS는 그리스도인을 어떻게 보는가", 2015
년 5월 16일 한국이슬람학회 춘계학술대회 발표문.

_____, "종교문맹(文盲)과 종교평화: 지식인 공개서한으로 본 IS의 이슬람 이해",
2015년 5월 22일 춘계종교학대회 발표문.

Abuduh, Muḥammad. *Al-Islām wa'l-naṣrāniyyah ma'a'l-'ilm wa'l-madaniyyah*.
Cairo. n.d.

Al Saud, Mohammed bin Nawaf. "Saudi Arabia Does Not Support Islamic State
Terrorists — or Any Others." *The Guardian*, 14 August 2014.

http://www.theguardian.com/world/2014/aug/17/saudi-arabia-not-support-islamic-state-terrorists (검색일: 2014. 8. 20)

Goldziher, Ignaz. *Introduction to Islamic Law and Theology*. Translated by Anras and Ruth Hamori. Princeton, New Jersey: Princeton University Press, 1981.

IS. *Dabiq* 1 (Ramadan 1435), 2 (Ramadan 1435), 3 (Shawwāl 1435), 4 (Dhul-Hijjah 1435), 5 (Muharram 1436), 6 (Rabi' al-Awwal 1436), 7 (Rabi' al-Akhir 1436), 8 (Jumada al-Akhirah), 9 (Sha'ban 1436).

al-Khattab, Nasiruddin tr. *English Translation of Sahīh Muslim*. Riyadh, Saudi Arabia: Darussalam, 2007.

Lister, Charles. "Profiling the Islamic State." *Analysis Paper* 13. Brookings Doha Center (December 2014).

Open Letter to Al-Baghdadi. http://lettertobaghdadi.com/ (검색일: 2014. 9. 30)

Pew Research Center. "The Global Religious Landscape."
http://www.pewforum.org/2012/12/18/global-religious-landscape-exec/ (검색일: 2014. 9.1)

Zelin, Aaron Y. "The War between ISIS and al-Qaeda for Supremacy of the Global Jihadist Movement." *Research Notes* 20. The Washington Institute for Near East Policy (June 2014).

IS와 아랍 언론/ 임병필

김수완, "IS(이슬람국가) 보도 프레임 연구", 『중동연구』 제33권 3호, 2015.
노만수 · 정태영 역, 『이슬람 불사조: 이슬람국가IS와 현대 중동의 재탄생』, 서울: 글항아리, 2015.
박현도, "IS에 대한 무슬림들의 반응: 공개 반박 서한", 2014년 12월 6일 한국국제정치학회 연례학술회의 발표문.
손주영, 『이슬람 칼리파制史』, 서울: 민음사, 1997.
오은경, 『베일 속의 이슬람과 여성』, 서울: 프로네시스, 2006.
인남식, "공공의 적 IS… 이슬람이 서구를 압도했던 중세로의 회귀 꿈꾼다", 〈조선일보〉, 2015년 2월 28일.
http://news.chosun.com/site/data/html_dir/2015/02/27/2015022702397.html?news_Head1_01

＿＿＿, "이라크 '이슬람국가(IS, Islamic State)' 등장의 함의와 전망", 주요국제문제
　　분석. 국립외교원 외교안보연구소, 2014.
정상률, "깊은 수렁으로 빠져드는 IS와의 전쟁, 그 함의와 우리에게 주는 시사점",
　　국방대학교 국가안전보장연구소「안보현안분석」vol 100, 2014.

Arab Cartoon. http://www.arabcartoon.net/ar/np/all/all.

IS와 테러/ 김종도

김정위,『중세이슬람 국가와 정부』, 서울: 민음사, 1992.
로테나 나폴레오나, 노만수, 정태영 옮김,『이슬람 불사조: 이슬람국가IS와 현대
　　중동의 재탄생』, 서울: 글항아리, 2015.
박현도, "IS에 대한 무슬림들의 반응: 공개 반박 서한", 2014년 12월 6일 한국국제
　　정치학회 연례학술회의 발표문.
손주영,『이슬람 칼리파制史』, 서울: 민음사, 1997.
오은경,『베일 속의 이슬람과 여성』, 서울: 프로네시스, 2006.
정상률,『이슬람국가론과 지대국가론』, 서울: 한국학술정보, 2013.

찾아보기

키타불히크마HK총서 02

IS를 말한다

등록 1994.7.1 제1-1071
1쇄 발행 2015년 6월 18일

엮은이 명지대학교 중동문제연구소
지은이 서정민 정상률 김수완 이효분 오은경 박현도 임병필 김종도
펴낸이 박길수
편집인 소경희
편 집 조영준
관 리 위현정
디자인 이주향
펴낸곳 도서출판 모시는사람들
　　　 110-775 서울시 종로구 삼일대로 457(경운동 수운회관) 1207호
전 화 02-735-7173, 02-737-7173 / 팩스 02-730-7173

인 쇄 상지사P&B(031-955-3636)
배 본 문화유통북스(031-937-6100)
홈페이지 http://modl.tistory.com/

값은 뒤표지에 있습니다.
ISBN 979-11-86502-09-9   04340
SET   978-89-97472-21-5   04340(세트)

이 도서의 국립중앙도서관 출판예정도서목록(CIP)은 서지정보유통지원시스템 홈페이지(http://
seoji.nl.go.kr)와 국가자료공동목록시스템(http://www.nl.go.kr/kolisnet)에서 이용하실 수 있습
니다.(CIP제어번호: 2015015337)